読みなおす日本史

道元

坐禅ひとすじの沙門

今枝愛真

吉川弘文館

はしがき

道元が新たに見直されようとしている。近年、道元に関する出版物が非常に多いことが、それを何よりも端的に物語っている。すでに大作・名著が多い中で、なおかつ私が筆を起こしたのは、まだ少なからず疑問や問題点が残っているように思われたからである。

道元の偉大さについては、言うまでもないが、歴史的人物というものは、その人物が生きた時代から遠ざかるにつれ、加速度的に神格化へと向ってしまうものである。そして年月というものが、多くの誤りや食い違いなどに、とてつもない重みを与えてしまうことがある。そこで、一人でも多くの方に道元の真実について、理解を深めていただきたいというのが、本書の願いなのである。

道元（一二〇〇―五三）が生をうけたのは、今から七百七十余年もまえのことである。源平二氏の激突が繰り返され、ようやく源頼朝の独裁政権が、鎌倉に樹立されたばかりであった。人びとは長期にわたる戦乱の後、生きるための指針を失い、新しい救いを切実に求めていた。親鸞は念仏門に入ったばかりであり、日蓮や一遍もまだ生まれておらず、思想界も宗教界も、まったく混迷から抜け出ることができなかった。道元が生まれ育ったのは、そのような時代であった。人間がとかく尊厳を失いかけている今日の時代とよく似通っていた。

このような時代に、人はいかに生きるべきか、人間の真理とは何かを、徹底的に探究してやまなかった道元、伝統的な考え方に捉われず、比類ない強靱な精神力によって、混迷の時代を純粋に生き抜いた道元、独自の境地を開き人間の尊厳性を確立し、人びとに救いの道を説いた道元、その生き方とその思想には、心惹かれるものがある。しかもその格調高い文章は、読むものに新たな自信と励ましを与えてくれる。それは道元の思想が鎌倉時代の産物であるにも拘らず、時代を超えた永遠の真実であるからにほかならない。

このような日本思想史上の巨峰であり、偉大な宗教家でもある道元については、すでに多くの研究があり、和辻哲郎の「沙門道元」をはじめ、その人間像が多く書かれてきた。主著『正法眼蔵《しょうぼうげんぞう》』などに関する研究も多い。

しかし、ここでは単にそのような道元の伝記を明らかにしようというのではない。本書の主眼は、『正法眼蔵』のなかの道元を明らかにしたいという点にある。と同時に、各宗派のあり方を背景にしながら、道元の思索と人間像を、時代の流れの中に浮彫りにしたいと考えたのである。

そこで、まずⅠ「仏法との出会い」では、権門に生まれた道元が、なぜ出家して天台僧となったか、天台宗から禅宗に変った理由は何かなど、道元という一個の創造的人間が、生来の悲劇性とどのように対決しながら自己に目覚めていったかを見た。ついで、Ⅱ「悟りへの道」では、二十四歳で中国に渡った若き道元が、最初は大陸禅の世界に戸惑いながらも、幾多の苦難をのりこえて、釈尊の悟りの境地を学びとったいきさつを、その思索と体験の跡を通してながめた。Ⅲ「新しい禅の序曲」では、二十八歳で帰国した道元が、坐禅こそ安楽の法門であるから、人びとにひろく勧めるのだと説いたが、なぜ道元は坐禅だけを選んだか。その禅は一体これまでの日本の仏教とどのように違うかなどの点について考えた。

そしてⅣ「禅思想の展開」では、はじめて深草に禅の道場を開いた道元が、どのような禅思想を展開したか、その内容と特質について考え、さらに道元のいう「仏法のための仏法修行」の理想とはどのようなものか、他宗からの多くの入門者たちをどのように教育しようとしたかなどについて述べた。さらにⅤ「正法禅の確立」では、四十四歳のとき越前の山中に入ったのは何故か、京都から深草・越前と、道元の思想はどのように深化したか、そして、道元の究極の理想は果して何であったかなどについて考えた。Ⅵ「道元の思想の流れ」では、道元の没後その思想がどのように受け継がれたかを考え、そのなかで『正法眼蔵随聞記』のしめる位置などを明らかにしたつもりである。

『正法眼蔵』の引用文は日本思想大系本によった。巻末の「道元略年譜」と参考文献は、道元に対する理解を一層深めていただくため、よきよすがともなれば幸いである。

本書の一部は、ＮＨＫの「宗教の時間」で放送したものであるが、この本をまとめるにあたり、日本放送出版協会の臼居利泰氏には大変お世話になった。ここに心からお礼を申し上げる。なお図版の掲載を許して下さった各位に、記して深甚の謝意を表する。

昭和五十一年五月一日

今枝愛真

目　次

Ⅰ　仏法との出会い

天下の乱れ

平安時代の末期から鎌倉初期にかけて、日本は政治的にも社会的にも、一つの大きな曲り角に差しかかっていた。その最大の原因は、院政による中央政権が衰退し、地方の治安が極度に悪化したためである。そしてその最も象徴的な事件が、十一世紀後半、奥州安倍・清原一族によって起った前九年の役と、後三年の役であった。この両役を通じ武勲に輝いた源氏が、京都に凱旋するや、公家階級に、かつてなかった大きな脅威と衝撃とを与えたのである。

この中央の公家社会では、摂関家の専横と分裂による勢力争いが長く続き、ようやく摂関家も没落の運命を辿ろうとしていた。その間隙に乗じ、源平二氏が中央政界に進出したのである。そして保元元（一一五六）年、ついに皇室・摂関家・武士の三者が、それぞれ崇徳上皇方と後白河天皇方とにわかれ、互に相争った。保元の乱がそれである。争乱は、源為義・義朝父子など骨肉が血を流し合う、すさまじい権力闘争となった。これまで廃止されていた死刑が復活するなど、末世の様相を人びとにまざまざと見せつけたのである。

ついで、平治元（一一五九）年におきた平治の乱では、平清盛と源義朝とが公家社会の主導権争いと結びつき、その権力を独占しようと、公武入り乱れて鮮血を流した。その結果、源氏が敗れて平氏の勝利に帰した。ここに清盛は位人臣《くらい》を極め、武家として最初の太政大臣に昇進し、それまでの公家に替って、栄耀栄華を誇る全盛時代が到来したのである。

だが、それも束の間の夢、治承元（一一七七）年、俊寛僧都らの謀議による鹿ヶ谷事件をきっかけに、平氏追討の令旨《りようじ》が、園城寺によった以仁王《もちひと》（後白河天皇の皇子）によって、諸国の源氏に放たれた。これに呼応するかのように、各地の源氏が一斉に決起したのである。そしていちはやく木曽義仲が平氏を追って入京した。ついで源頼朝による旗上げが伊豆で行なわれ、文治元（一一八五）年三月には、さしもの平家一族も、壇ノ浦の露とはかなくも消えたのである。こうして、頼朝による武家政権がようやく鎌倉に誕生した。

そのころ京都の朝廷では、将軍源頼朝の支持を受けた関白九条兼実が権力を握っていたが、その政敵である久我通親は、自分の養女を後鳥羽天皇の後宮に入れ、やがて生まれた皇子の外祖父という地位を利用して、親幕派の兼実を失脚させ、宮廷内の実権を掌中に収めてしまった。しかも、巧みに頼朝の意向を抑え、孫にあたる皇子を即位させた。これが土御門天皇である。このの ち久我通親は、院庁の別当として、絶大の権勢を持つにいたった。

しかし、建仁二（一二〇二）年十月、通親が急死すると、朝廷の主導権は後鳥羽上皇の手に帰し、上皇による院政が再開されたのである。

上皇の院政は、乱脈をきわめたといわれている。頼朝の死後、幕府は内紛や政治力低下のため、その威力はまったく衰えてしまった。おりも折、承久元（一二一九）年正月の雪の夜、鶴岡八幡宮の社頭で、将軍実朝が、兄頼家の遺子で別当を勤める公暁《くぎょう》に暗殺された。そして公暁も、北条一族によって謀殺され、源氏の正統は、ここに跡絶えてしまった。

この鶴岡社頭の惨劇は、京・鎌倉双方に大きな衝撃をあたえた。幕府は、将軍の後継者として後鳥羽上皇の皇子を鎌倉に迎えることを申し出た。朝廷の権威回復を志していた後鳥羽上皇は、にべもなくそれを拒絶してしまった。その上、愛妾伊賀局《つぼね》の所領の地頭を解任するようにという要求を、幕府に突き付けた。御家人領の保護は、幕府にとっては死活問題である。そこで幕府も、上皇方の申出を拒否した。そればかりか、皇子の関東下向を強要するため、執権北条義時の弟時房に千騎の兵をつけ、急遽上京させたのである。しかし上皇は、一歩も譲歩しようとはしなかった。幕府は、ついに皇族出身の将軍をあきらめ、頼朝の妹の血を引いている九条頼経を将軍に迎えた。

ここにすべては無事に落着するかにみえたが、承久三（一二二一）年五月、たび重なる専横な幕府の態度に憤激した上皇は、鳥羽離宮内にある城南寺の流鏑馬《やぶさめ》と称し、秘に近国の軍兵を召集した。そしてただちに六波羅を総攻撃し、上皇の挙兵に応じなかった京都守護伊賀光季を血祭りにあげ、執権義時追討の院宣を諸国に発したのである。

上皇挙兵との急報に接した幕府の動揺は、非常なものであった。北条政子は幕府の危機を御家人たちに訴え、結束を促した。もはや因循姑息は許されなかった。京都進撃の断が下され、総大将北条泰時・時房指揮のもとに、十九万騎の大軍が京都に向けて出発した。破竹の勢いで、幕軍は各所で上皇方を撃破、はやくも六月十五日には、泰時らが京都に進入したのである。

こうして、承久の乱はあっけない幕切れで終った。だが、乱後の処分は予想以上に厳しく、討幕計画の主役であった後鳥羽・順徳両上皇は、それぞれ隠岐・佐渡へ、土御門上皇も土佐へ配流の身となった。そのほか計画に関った皇族・公家は、一人のこらず処罰を受けたのである。ことに、上皇方に付いた武士に対する処刑は重く、しかも乱後も、泰時・時房はそのまま京都に止まり、ふたたび反乱が起きないように、朝廷や公家の監視、西国御家人たちの統制に当った。これが六波羅探題の始まりである。

一応、承久の乱は治まったが、前九年の役以来、目まぐるしい戦乱興亡に捲き込まれた民衆の動揺と苦難は、まことに量り知れないものがあった。しかも人びとを塗炭の苦しみに陥れたのは、戦乱だけではなかった。それ以上に深刻な打撃を社会にあたえたのは、寛喜の大飢饉をはじめとする史上稀な天災異変の続発であった。寛喜二（一二三〇）年には真夏だというのに、雪が降り霜が下りた。そのうえ秋から翌年にかけて、異常な天候不順が日本列島全体を襲って、暴風雨が荒れ狂い、洪水が頻発した。全国的な凶作による飢饉が続き、疫病が流行し、惨状は目もあてられぬものがあった。

このような大飢饉と疫病の蔓延に対して、朝廷も幕府も、なすすべを知らなかった。京都の市中では、餓死者が路傍や鴨の河原に累々と重なり、それが日をおって増加し、屍臭が巷に充満したという。人びとは妻子を身売りに出すなど、人身売買が公然とおこなわれた。民衆の苦しみは言語に絶し、それはまさに澆季《ぎようき》末世の様相を呈した。それをみて、人びとがこの世を「末法の濁世《じよくせ》」と感じたとしても、決して無理からぬことであった。

鎌倉仏教の誕生

このように激しく変化していったのは、政治や社会ばかりではない。宗教界もその例外ではなかった。都の周辺では、南都北嶺の大寺院、とくに比叡山延暦寺と三井《みい》の園城寺《おんじようじ》をはじめ、奈良の興福寺・東大寺、吉野の金峯山《きんぷせん》、大和の多武峰《とうのみね》、紀伊の高野山・根来寺《ねごろじ》など大寺院の間で、荘園や末寺の利権問題などをめぐって、醜い闘争が絶えなかった。群をなす悪僧たちの跳梁跋扈《ばつこ》、要求貫徹のための蜂起や強訴の繰り返しは、民衆をますます救いがたい不安に陥し入れていった。

とくに、延暦寺と園城寺の間では、天台座主《ざす》の地位をめぐり、見苦しい権力抗争が、日常茶飯事のように続けられ、背後に公家社会の派閥抗争が介入することによって、その争いは一層複雑化し、深刻を極めたものになっていった。比叡山の山法師や神人《じにん》は、その要求が入れられないと、日吉神社の神輿をかつぎ、その威を借りて強訴をくりかえし、野望を遂げようとした。荒れ狂う悪僧たちの乱暴・狼藉は目に余るものがあったが、貴族出身の寺院上層部は為すすべを知らなかった。もはや比叡山は僧兵たちによる闘争の修羅場と化し、学問修行の聖域どころではなくなっていた。もっとも神聖であるべき伝法さえ、血統相続され、妻帯や金貸し業が平然とおこなわれていた。古代仏教界の腐敗堕落は、その極に達し、もはや救いがたいものになっていた。このような情勢のなかで、読経や祈禱などの善根積徳を信ずる古代仏教の権威は、もろくも崩れ去っていった。人びとはそこに古代仏教の末期的症状をみ、末法の時代が到来したという意識を一層深くした。

末法の世からの救いを求めていたのは、古代仏教のなかにいる僧衆たちだけではなかった。一般世間の人たちの間でも、新しい救いの誕生が痛切に待たれていたのである。こうした社会全体の要望にこたえて登場したのが、鎌倉新仏教である。

それは、古代仏教の行きづまりを打開しようとして提唱されたもので、造寺・造仏・写経などの物質的な作善《さぜん》をすることが出来ない階層の人びとにも、仏教をひろく解放しようとしたものであった。祈禱を中心とした古代仏教の信仰形態に絶望して、新しい法灯をかかげた人びとは、新しい信仰の立場から、釈尊本来の教えは何かということを、真剣に模索していた。だがこの鎌倉新仏教とて突然に出てきたのではなかった。武士という新しい階級が、公家の圧力をはねのけて台頭した結果、公家社会と密接に結びついていた古代仏教に代るものとして、新仏教の誕生を促したからである。鎮護国家を旨とする古代仏教では、新しい武家時代の人びとの苦悩を救うことはできない。新しい時代は新しい宗教を求めていたのである。

こうして鎌倉仏教の新しい芽が、古代仏教の混迷のなかから徐々に育《はぐく》まれていった。比叡山から出て黒谷の別所に移った法然房源空（一一三三―一二一二）も、その一人であった。かれは、万人が実行しやすいものとして称名《しょうみょう》念仏をたたえた源信（九四二―一〇一七）の浄土思想に導かれて、激しい弾圧や非難に堪えながら、今日の浄土宗の基を開いた。そして古代仏教から一歩をすすめ、むずかしい学問をつんだり戒律を守ったりしなくても、ただ「南無阿弥陀仏」と念仏を唱えさえすれば、末法の凡夫も来世は必ず極楽浄土に往生できるというのである。平易で行ないやすいこの教えは、戦乱の世に生きる人びとの心を引き付け、貴族や武士たちは、喜んでその教えに耳を傾けた。

さらに、法然上人の門から出た親鸞（一一七三―一二六二）は、師の思想を一層徹底させ、絶対他力の信心による浄土真宗を開き、非僧非俗の沙弥を理想として、在家生活をいとなみ、ひろく農民や下層武士の帰依をうけたのである。

このような他力信仰とは別に、そのころ海外からは新しい波が打ち寄せていた。そのきっかけとなったのは、平清盛による日宋貿易の再開である。貿易船の往来が盛んになるにつれ、大陸仏教界の新風が次々に日本の宗教界に吹き込んでくるようになった。

こうした動きのなかで、日本の宗教界に全く新しい刺激を与えたのは、人間のなかにある仏性《ぶっしょう》を自ら知覚しようという、自力的な大陸禅の伝来である。そのなかで最初に注目すべき人物は、明庵栄西《みょうあんえいさい》（一一四一―一二一五）である。

かれは法然や親鸞と同じく、比叡山に学んだのち、入宋《にっそう》して黄竜派《おうりょうは》という禅宗の一派を伝えた。新しい大陸禅を天台宗の思想の中に取り入れることによって、天台宗を内部から革新し、復興することが出来ると力説したのである。栄西が鎌倉幕府の帰依をうけて開いた建仁寺も、天台・真言・禅の三宗兼学の道場として設けられたもので、実は延暦寺の末寺であった。また、鎌倉に創建した寿福寺も同様である。栄西自身、天台宗から禅宗に改宗したという意識を、持ってはいなかったのである。このように、栄西は禅宗を伝えはしたが、天台宗の権僧正《ごんのそうじょう》として一生を終っていることに注意する人は少ない。一般には栄西禅師として知られているが、もちろん禅師号などはない。栄西が禅宗の開祖といわれるようになったのは、その門流が禅宗の一派として栄えるようになってから、さかのぼって、そう呼ぶようになったにすぎないのである。

一方栄西などの生き方とは違って、大陸禅を伝えながら、その純粋性を保つため、中央に出ないで一生涯隠者の生活を送った人びとも稀ではなかった。そのなかで最も顕著な存在として注目されるのが道元（一二〇〇—五三）である。

では、社会も宗教界も混沌とした時代に、道元はどのように自らの新しい道を切り開いていったのであろうか。読者と共に、その行動と思索の跡を辿ってみることにしよう。

道元の出生

正治二（一二〇〇）年、道元は、当時内大臣を勤めていた久我通親を父とし、前摂政関白松殿《まつどの》基房の娘を母として京都で生まれた、というのが通説とされている。ちょうど頼朝が急死した翌年であり、親鸞が法然房に入門した前年のことである。この父母の出会いは、どのようなものであったか。まず母親の方から見ていくことにしよう。

寿永二（一一八三）年、以仁王《もちひとおう》の平氏討伐の指令に応じて木曽山中から入京した源義仲が、こんどは源義経に攻められて都落ちしたときのことである。いよいよ追いつめられ、もはやこれまでかと覚悟をきめた義仲は、六条高倉に住む愛人と名残りを惜しみ、容易にそこを立ち去ろうとはしなかった。これをみて家臣の源家光は、「御敵すでに（加茂）河原までせめ入て候に、犬死にせさせ給なんず」と主君をしきりにいさめた。けれども義仲は、いっこうに聞き入れようとしない。そこで家光は、「さ候ば、まづさきだちまいらせて、死出の山でこそ待まいらせ候はめ」と腹をかき切り、自刃してしまった。それを知って、さすがの義仲も慌てたのであろう。その死に促されるかのように、急いで都を落ち延びていったという。

これは『平家物語』九にみえている有名な話であるが、これほどまでに義仲が愛情を注いだ女性というのは、一体誰のことであろうか。

『源平盛衰記』によると、義仲は後白河上皇の御所をいったん出たけれども、直ぐには戦場に行こうとはせず、五条の内裏に帰り、長いこと愛人と名残りを惜んでいたという。その相手の女性というのは、当時絶世の美女という誉が高く、末は皇后にもと愛育されていた松殿基房の娘で、評判を伝え聞いた義仲が、無理やりに強奪して自分の側室にしてしまっていた女性なのである。彼女は当時評判の美人であったばかりに、田舎丸出しの英雄義仲に目をつけられ、悲運にも略奪結婚をさせられてしまったのである。

とはいっても、ことはそれほど単純なものではなかった。この事件の背後には、松殿一家の政治的執念がからんでいたと考えられるからである。

これよりさき、問題の女性の父松殿基房は、後白河上皇の院政のもとで、摂政関白をつとめ、権勢の座についていた。ところが治承三（一一七九）年十一月、平清盛のために職を解かれたばかりか、大宰権帥《そつ》に左遷されて、遂に失意のうちに出家してしまった。ところが、たまたま義仲が平氏を破って上京したとき、美人で評判の娘がその側室になったため、義仲の権力をバックに往年の権勢を取りもどすという、願ってもないチャンスが訪れたのである。このとき僅か十三歳の師家《もろいえ》は、父基房を後見人として摂政・内大臣となり、藤原一門の氏長者《うじのちょうじゃ》になることができた。しかし、それも束の間、やがて義仲の没落により、たちまち権勢の座から滑り落ちてしまったのである。

さて、この基房には四人の娘がいた。第一女は一条高能、二女は二条良経、四女は近衛公明に、それぞれ嫁いでいる。彼女たちが道元の母でないことはいうまでもない。すると残る三女こそ道元の生みの親で、さきに義仲に略奪結婚させられた女性であろうと当然考えられる。そして、この数奇の女性、伊子《いし》こそ道元の母にふさわしいのではないか。

では、道元の母と言われる伊子と父通親との出会いはどのようなものであり、また、父通親とは果してどんな人物であったのであろうか。

平家全盛のころ、通親は花山院忠雅の娘を妻としながら、平家一門の歓心を買うため、清盛の姪を側室にしていたという抜け目のない人物であった。しかも、平氏が没落すると、こんどは後白河法皇の寵愛が篤い丹後局高階栄子《たかしなえいし》に近づいて、彼女が生んだ宣陽門院覲子《きんし》の別当になり、たちまち宮廷内の実力者にのし上った。

それればかりか、建久元（一一九〇）年、朝廷の実力者に納まっていた摂政九条兼実が、娘を後鳥羽天皇の中宮に入れると、それに対抗して、能円法師の妻で天皇の乳母となっていた高倉範子《はんし》に目をつけ、範子を自分の側室にして、能円の娘在子《ざいし》を養女にした上、彼女を天皇の後宮に入れてしまった。やがて在子が生んだ皇子が幸運にも皇太子になると、通親は皇太子の外祖父として権勢の座についてしまったのである。

さらに建久九（一一九八）年正月には、通親の策謀によって、後鳥羽天皇が退位したので、通親の養女であった在子が生んだ四歳の皇太子が即位して、土御門天皇となった。しかも通親は、のちに養女の在子とも情を通じ、通行という実子までもうけている。いかに男女関係が乱れていた時代とはいえ、通親が女性を次々にわがものにしながら、宮廷内の実権を掌中におさめていった手腕は、驚くほかはない。こうして通親が描いた策略は見事に功を奏し、かれは権勢を一身にあつめて内大臣となっ

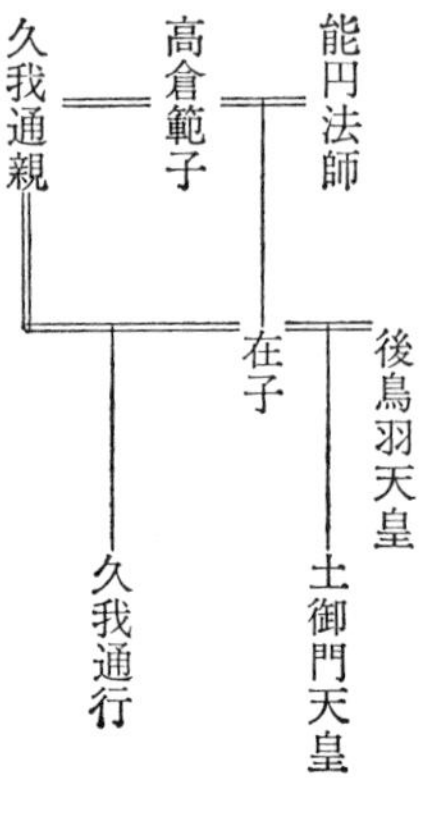

た。

　では、このような通親が、一度は義仲にとついだ松殿基房の三女伊子を妻にしたのは、どのような事情によるのであろうか。

　残念ながら、この点について語っている史料は何もない。けれども、まさに栄華をきわめた通親が、絶世の美女という噂に引かれ、彼女を手に入れようとしたことは充分考えられる。一方、不遇の身をかこっていた松殿基房が、最高権力者の通親と娘を再婚させることによって、一門の再興をはかろうと考えたであろうことも充分察せられるのである。だが通親と基房の正妻は、ともに花山院忠雅の娘であり、もともと二人は義理の兄弟にあたっていたから、基房とすれば、娘を義弟の嫁にやるということになる。今日の常識で考えると、これはまことに奇妙な話であるが、当時はこうした政略結婚や近親結婚は非常に多かったといえよう。政界第一の実力者通親に接近するため、通親の希望にこたえて、松殿基房がその三女伊子をとつがせたということは、十分ありうることである。そんな時代、道元は、このように波瀾にみちた父母の間に、その生をうけたのである。

　道元の生誕地については、京都で生まれたという説以外にいまだ確証はない。しかし、母方の里で出産が行なわれるのが当時一般の風習であったから、道元が誕生したのも、宇治の木幡《こばた》にあった松殿家の山荘であるように思われる。のちに道元が出家したとき、この山荘をのがれ、母方の叔父で天台僧となっていた良顕《りょうけん》のもとに走ったことを考え合わせると、おそらく道元は、この山荘で生まれ、幼年期をここで過ごしたのであろう。現在宇治市木幡にある財団法人松殿山荘の付近がそれに当るといわれている。

このように、久我家に生まれた道元、美作国《みまさか》（岡山県）の押領使《おうりようし》（各地の内乱や暴徒鎮圧に当る役人）漆間《うるま》時国の子である法然、備中国（岡山県）吉備津彦神社の社家《しやけ》（神社に仕える家）賀陽《かや》氏の出身である栄西、藤原氏北家の流れをくむ日野有範の子親鸞、安房国（千葉県）の漁師の出である日蓮と、鎌倉仏教の開祖たちの出自はそれぞれ階層を異にしていた。もとより出生と環境がその人物の一生を左右するわけではないが、互いに無関係とは言い切れないものがある。

では、上述のような道元誕生のいきさつが、その生涯にいったいどのような影響をあたえたのであろうか。また、こののち道元は、自らどのような道を選んだのだろうか。

出家の道

道元が生まれた久我家は、村上源氏の直系で、しかも、父久我通親は当時実力第一の内大臣であった。また、母方の松殿家も藤原一門の北家に属する。これまた最有力の摂関家で、父母いずれの家系も名門中の名門である。将来における道元の栄達は、ほとんど約束されていたも同然であった。

そのうえ天分に恵まれた道元は、幼くして唐の詩人李嶠《りきょう》の『漢詩百詠』を読み、『春秋左氏伝』や

（父方）
村上天皇—具平親王—源師房……………久我通親
　　　　　　　　　　　　　　　　　　　‖—道元
（母方）
藤原基経……道長……忠通┬松殿基房┬伊子
　　　　　　　　　　　　│　　　　└師家
　　　　　　　　　　　　└九条兼実—良経—道家

『毛詩』を学ぶという神童である。そのまま順調に進めば、他の貴族たちと同じ栄光の道をたどったに違いなかった。

ところが、運命の皮肉とでも言おうか、道元は三歳のとき父を、八歳で母を失ない、孤児となってしまった。感受性が強い天才少年であった道元は、相つぐ父母の死に直面し、この世の無常を痛切に感じたに違いない。とくに、薄幸の母の死は、道元の心に、人生に対する憂いと悲哀とを刻みつけたことであろう。幼い道元にあたえたこの鮮烈な印象は、その後の道元の生き方と深くつながっているように思われる。

このような精神的苦悩について、道元は直接何も語ってはいない。しかし、真実に生きるための人間的苦悩と思索の深まりのないところに、あのような厳しい理想主義と、崇高な宗教思想が果して生まれたであろうか。肉身でありながら人間性などは全く無視した父の通親や、権力闘争に明け暮れた祖父基房の、現世的欲望のみを求めて止まなかった行為、それらに対する憎悪と懐疑があったからこそ、あの無類な潔癖性と永遠なるものへの強い憧れ——宗教的世界への渇望——が根ざしていったように思われる。そして、それが単なる現世的な恩愛のきずなの否定ではなく、それらを乗り越え、不滅の新境地を切り開いていったところに、道元の偉大さがあると私には思われる。

ともあれ、道元は慈母の死を契機に、宗教的世界に一層憧れるようになった。一般に、両親を失ったものが信仰の道に入るのは、当時の貴族社会の慣例でもあった。いよいよ仏門に生きる決意を固めた道元は、九歳のとき仏典『倶舎論《くしゃ》』を読んだ。五世紀のころインドの世親《せしん》が仏教の概要をわかり易く説いた、一種の仏教入門書である。

一方、伯父の前摂政関白松殿師家は、このような道元の心の変化に無頓着であった。前々から道元の人並みはずれた聡明さを見込んで、自分の養子として育てていた師家は、いずれ道元を元服させ、朝廷に仕えさせたいと思っていた。しかし、すでに出家の道に心を引かれていた道元は、ついに十三歳のとき意を決し、養父師家が止めるのを無理に振り切って、仏門に身を投じてしまったのである。ときに建暦二（一二一二）年、春の夜のことであった。

この夜道元は、住みなれた思い出深い木幡の松殿山荘をひそかに抜け出し、東山の山すそをひた走りに走って、ひとまず師家の弟にあたる天台僧の良顕《りょうけん》を比叡山の麓《ふもと》に尋ね、考えぬいた出家の志を明かした。そして、これから進むべき容易ならぬ修行の道についての手引きを、心をこめて頼み込んだという。良顕法眼《ほうげん》は、あまり突然のことに驚いた。父の基房や兄師家の意向を知っていたからである。彼は出家を思い止まるように、極力道元の説得につとめた。しかし、その決意はきわめてかたく、熱意に良顕はかえって心を動かされた。ここに良顕は道元の願いを聞き入れ、出家を許し、横川《よかわ》の首《しゅ》楞厳院《りょうごんいん》に送り届けた。ここは叡山で学問的雰囲気をもっともよく伝えていたから、まず天台教学の基本からしっかり学ばせようと考えたのであろう。こうして道元は、比叡山は横川の般若谷、千光房に移り住んだのである。

時あたかも、親鸞はようやく流罪を許されて、新たな布教のために越後から関東に移ろうとしており、京都では法然が念仏を唱えながら、大谷の住坊で往生して間もない頃であった。このような新仏教の胎動期に、何故道元は天台宗に身を投じたのか。道元は何も語っていないので、断定は差控えなければなるまい。しかし、おそらく叔父良顕と十分話し合ったうえで、天台宗を選んだのであろう。

なぜ人は修行するのか

横川に移った道元は、天台宗の基本を真剣に学んだ。建暦三（一二一三）年四月、天台座主《ざす》公円僧正のもとで髪を剃り落して得度をうけ、延暦寺の戒壇で、大乗律による菩薩戒を授けられた。「仏法房道元」と正式に名乗り、天台僧としての修行の第一歩を踏み出したのである。ときに道元、十四歳であった。

ただし、この点については異論があって、当時は満二十歳にならなければ、大乗菩薩戒は受けられないという慣例があったから、道元は出家入門の儀式をあげただけで、大乗菩薩戒をうけて天台僧になったのではない。このことは伝記作者の虚飾にすぎないと、この史実を否定する人もいる。けれども、栄西なども十四歳で剃髪《ていはつ》して受戒しているから、貴族出身の道元の場合、十分にありえたことである。

こうして天台宗の一修行者として出発した道元ではあったが、座主公円に学んだのは、僅か一年ほどの短い期間にすぎなかった。その理由は追って述べるが、彼はその間に、むさぼるように天台の教義を学んだ。仏教経典を網羅した大蔵経五千巻を二回も通読した。そのほか仏教哲学、密教の奥儀など、学習しないものはなかった。真剣な修行と経典に埋もれたひたぶるな勉学が続けられたという。

だが、道元が比叡山で何より失望したのは、ここにはもはや学問や修行をつむ雰囲気がなくなっていたことであった。大きな期待と真剣な求道心《ぐどうしん》をいだいて臨んだ比叡山は、すでに救いがたい名利《みょうり》の巷と化していたのである。多くの僧兵を貯え、三井の園城寺や奈良の諸大寺などと激突をくりかえし、天台座主はじめ上層部の貴族出身の僧侶たちも、この乱れに為す術を知らなかった。

一方、衆徒は修行を忘れ、かたく禁じられているはずの妻帯をなし、金貸し業が横行するなど、聖職にあるまじきあらゆる禁制が平然と行なわれていた。どうみても、このまま修行を続けられるような環境ではなかった。

しかし、環境だけの問題であるならば、まだ我慢ができたのかも知れない。道元の学問・修行がだんだん進むにつれて、天台宗の根本的な教えそのものにも、いろいろと疑問を持つようになったのである。

その一つは、延暦寺は天台宗であるのに、あたかも真言宗であるかのように、加持祈禱を重んずる密教化が進んでいたことである。

もともと、平安時代に最澄が開いたころの天台宗は、天台止観《しかん》・律・密教・禅の四種の教学をあわせ兼ねるという立場をとっていた。それが十世紀の頃から密教的傾向がとみにつよくなった。当然道元も比叡山で、そうした密教化した天台宗の教えについて、いろいろ見聞した。最初の師である公円も、天台密教の一派である三昧院流（京都の青蓮院《しようれん》がその本寺である）の伝法灌頂《かんじよう》（密教の教主である大日如来の秘法を授ける儀式）を受けついだ人であるから、密教的性格が殊に濃厚であった。無類の理想主義者で、すべてに純粋な道元のことである。このような天台宗の密教化に対し、深い疑惑をいだくようになった。

さらに、天台宗の思想そのものに本質的な疑問が生じ、それが道元の行く手に大きく立ちはだかったのである。

道元は、「人はいかに生きるべきか。それをさとるためには、自分とはいかなるものなのか」、まずこの本来の自分というものを本当に知らなければならないと考えた。それは、どうしても見究めておかなければならない最初の大きな関門である。道元の将来を決定する重要なわかれ道でもあった。ここで、はたと行きづまったのは、天台宗の基本的なものの考え方である。それは「本来本法性《もとほつしよう》、天然《てんねん》自性身《じしようしん》」という言葉についてであった。

もともと一切の人間は、誰でも仏性《ぶつしよう》、つまり仏の本性をそなえ持っている。このような意味で、本《ほん》覚《がく》思想ともいわれ、天台宗の最も根本的な考え方なのである。この考え方に対し、道元の心にいろいろな疑問が湧いてきた。たとえば、もしそのように、人そのものにすでに仏性がそなわっているならば、なぜわれわれは苦しい修行を実践しなければならないのであろうか。また、すでに諸仏や祖師が菩提心《ぼだいしん》（悟りを求めて仏道を行じようという心）を起して修行を続ける必要があると説いたのは、どういう訳か。それにはそれだけの理由がなければならないが、果してそれは何なのか。道元は、こうした学問と修行に関する根本的な疑問を懐くにいたったのである。

道元が投げかけたこの疑問は、一般の天台宗の学僧たちには、一見修行以前の極めて幼稚なものに思われたのかも知れない。けれども、これまでとは違った生活理念をもって、荒々しく登場してきた武家社会に、仏教が対応していくためには、どうしても解決しておかなければならない本質的な課題であった。それはひとり道元だけではなく、鎌倉新仏教に共通した重要な問題であり、新しい信仰を打立てて行くために課せられた前提条件でもあった。これまでにも増して、道元は真剣に模索した。しかし、古い伝統を背負っていた比叡山の先輩学僧たちは、古代仏教の根底にある矛盾と対決し、それを根本的に究明しようと苦しんでいる道元に、何も答えてはくれなかった。

このまま比叡山にとどまって、天台宗の一学僧として修行を続けて行くべきか。それとも一刻も早く天台宗に見切りをつけるべきか。いずれの道を進むべきかを、道元は心に決しかねていた。しかし、このまま比叡山に留まって一学僧として思い悩むだけでは、到底この疑問を解決することはできない。釈尊の教えの原点に立ちもどるには、もはや発想の転換をはかる以外に方法はない。こう道元は思慮したのである。こうして我に目覚めた道元は、比叡山に絶望し、ついにそこを去る決意を固めたのである。

建保二（一二一四）年、道元は山を下り、独自の新しい道を発見するため、園城寺長吏の公胤《こういん》僧正を訪ねた。それは、公胤も道元と同じ村上源氏の出身で、久我家や松殿家と親しいという間柄だけでなく、公胤は園城寺の座主を再度つとめた高名な学僧であり、大原問答で法然とも交流があるなど、当時の宗教界に強い影響をもつ進歩的な人物であったからではないかと思われる。

さっそく疑問を打ち明けてその教えを請うたのだが、公胤は道元の疑問には何も答えず、ただ、

「現在の中国では、達磨大師以来の祖師たちが、内面的な体験を通して伝えてきた禅宗が盛んである。あなたが求めている宗教には、それが最も適しているように思われる。大陸に渡って、その新しい宗教を学んでくるのが一番よい」

と、ひたすら入宋《につそう》を勧めるのであった。公胤は鎌倉にも下向し、幕府とも親しかったので、大陸禅の動向や入宋実現の可能性について、ある程度の示唆を道元に与えたのであろう。一方道元も、かねて比叡山の修行中、禅に関心をもつようになっていたから、公胤のさとしによって、いよいよ真剣に禅修行のための入宋を考えるようになった。

こうして、公胤との出会いは、道元の一生に大きな影響を及ぼすにいたった。それは同時に、次の栄西との相見《しようけん》にもつながっていたのである。おそらく公胤に会っていなかったならば、道元は別の道

をたどったかも知れない。まことに、人と人との出会いというものは、その人の運命を左右するものである。

禅との出会い

それから間もなく、道元は公胤の指示どおりに、禅を学ぶため京都の建仁寺を訪れた。この寺は建仁二（一二〇二）年、将軍源頼家が六波羅に創建した寺院で、栄西が開山に迎えられた。当時はまだ延暦寺の末寺にすぎなかったが、栄西の伝えた新しい大陸禅が、天台・真言の二宗と並び行なわれていた。しかしそのなかでも、大陸の新しい禅宗が特に世の人びとの注目を集めていた。

道元にとって、はじめて接した大陸禅は、何から何まですべてが魅力的で、新鮮そのものであった。惜しくも師の栄西は、建保三（一二一五）年七月に亡くなったので、両者の出会いは僅かな期間でしかなかった。明敏で鋭い感覚のもち主である道元は、すでに比叡山の修行時代から禅の予備知識は一応もっていたので、たちまち栄西から大陸禅について多くを学び取ったに違いない。

ただ、このように道元も栄西も同じような道を通って天台宗から禅にたどりついた人であるが、両者の間にはすでに大きな開きがあった。それは、道元が積極的に大陸禅に目覚めようとしていたのに対し、栄西は大陸禅の一派である黄竜《おうりよう》派の禅を取り入れたとはいえ、天台宗から独立してしまおうという意識は薄く、新しい大陸禅を天台宗の教学の中に吸収することによって、天台宗を内部から改革しようという立場を守っていたからである。朝廷にとり入って大師号をうけようとしたり、天台宗の権僧正《ごんの》として一生を終ったのは、まさにその証拠といえる。同じ禅宗といっても、道元と栄西の二人の宗教的立場には、最初から大きな隔たりがあったことは否定できないのである。

そのうえ、道元が建仁寺を訪れたのは、栄西から禅宗を学ぶことだけが、その目的のすべてではなかった。おそらく公胤のすすめで道元が建仁寺に近づいたのは、そうすることが大陸に渡るための最良の手段だと考えたからであろう。それは、建仁寺が創立以来鎌倉幕府と最も関係が深い寺院であり、開山の栄西は再度にわたり入宋しているからである。

この建仁寺に接近することによって、大陸の事情などに精通できるだけでなく、幕府が支援する日宋貿易船に便乗するための最短ルートでもあったからである。しかも、幕府の信任が厚い公胤の推薦があったことは、道元にとってなにかと好都合であったにちがいない。

不幸にも、栄西について、公胤も建保四（一二一六）年閏六月に亡くなった。そこで翌五年秋、道元は栄西の高弟である明全《みようぜん》について学ぶことになる。

この明全は仏樹房といい、栄西門下の逸材として注目されていた人物である。伊賀国（三重県）の蘇我《そが》氏の出身で、はじめ比叡山にのぼって、横川《よかわ》の首楞厳院《しゆりようごん》に入り、明瑤《みようよう》について天台の教学を学んだ。さらに、奈良に遊学し、東大寺の戒壇で小乗律による戒をうけ、また比叡山延暦寺の戒壇でも大乗律の菩薩戒を受けるなど、きわめて戒律堅固な人であった。そして、そののち建仁寺に赴いて、栄西の弟子となって修行を続けていた。

道元は、建仁寺で明全に学ぶこと六年あまり、大いにその薫陶をうけた。とくに戒律を重んずる道元の思想は、この明全に負うところが少くなかったに違いない。その間、道元は中国語の会話など入宋の準備おさおさ怠りなく、念願の入宋いまや遅しと待ちわびていた。

しかし、道元の期待は一向にかなえられなかった。明全について修行中の承久元（一二一九）年正月、将軍実朝が鎌倉宮で別当の公暁に暗殺され、さらに翌々年には、承久の乱が勃発するなど、驚天動地の異変が相ついで起こった。そして国内は、余燼で沸き返っていたのである。とくに京都を中心とした承久の乱は、道元にとっても余所事どころではなかった。幕府の拠点六波羅、そこにある建仁寺には、血腥い戦乱の様相、乱後における天皇の廃立、三上皇の配流、多数の公家や武士の処刑・流罪などの情報が連日、手にとるように道元の耳もとに入ってきた。殊に三上皇は、道元の父久我通親の縁者であり、異母兄の通光も、内大臣を罷免され謹慎の身となるなど、近親・縁者が相ついで悲運に遭う有様をみて、世の無常をひとしお深く感じたにちがいない。

実朝の暗殺につぐ承久の乱という未曽有の大事件のあと、国内の動揺は容易に治まらず、承久元（一二一九）年から貞応元（一二二二）年前後の数年間というものは、中国大陸との交流は、ほとんど跡絶えたままであった。その間入宋の機会を見付けることができなかった道元は、漸く乱後の余燼が治まった貞応二（一二二三）年、ついに念願を達することができたのである。

Ⅱ　悟りへの道

修行とは何か

やっと念願かなって、入宋の機会をつかんだ道元は、貞応二（一二二三）年明全らとともに、京都を出発、入宋求法《にっそうぐほう》の旅にのぼった。博多についた道元の一行は、三月博多港を出帆、四月の初め頃、明州《みん》（寧波《にんぽう》）の港に着いた。おそらく、鎌倉幕府と関係がある日宋貿易船に便乗したのであろう。ときに南宋四代の皇帝、寧宗《ねいそう》の嘉定十六年、道元二十四歳の時であった。

その時のことである。道元らが明州の港に着いて間もない五月四日の夕暮、一人の見知らぬ老僧が日本産の椎茸《しいたけ》を買いに船にやって来た。道元は茶をすすめながらも、この老僧にいろいろ質問をあびせた。聞けばこの老僧は、中国五山の一つ阿育王山《あいおうざん》広利禅寺の典座《てんぞ》だという。典座というのは、禅寺で炊事一切をあずかる責任者のことである。かれは故郷の西蜀を遠く離れて既に四十年、中国各地の禅寺で修行を積みかさね、去年の夏から阿育王山の典座の役に充てられ、今年で六十一歳になるという。

明日はちょうど端午の節句にあたるので、麵汁《めんじゅう》を寺内の修行者たちに御馳走するため、特に椎茸を

買いに来たのであった。この椎茸を買い終ったらすぐ帰るのだという。思いがけず話がはずみ、既に暗くなったので、道元は、

「今日はからずも相会し、その上こうして船中で話ができたのは、よい因縁ではありませんか。今晩は是非ここに泊っていかれるがよろしいでしょう」

と引き止めた。道元は夜を徹してでも、いろいろ大陸禅について聞きたかったにちがいない。しかし老典座は、

「いや、それはいけない。明日の阿育王山の衆僧の食事は、どうしても私が管理しなければならないのです」

と、道元の心入れをきっぱりと断った。そこで今度は、単刀直入に、

「名利阿育王山ともなれば、あなた以外に食事の世話をしきるものがいないわけがない。あなたが一人くらいおらなくても、仕事に事欠くことはないでしょう」

というと、典座は、

「私は老年になってこの職についたので、これをおいぼれの最後の仕事だと心得ている。それをどうして他人に譲ってまかせることができましょう。それに、こちらへ来るとき、許可を得ていないから、一夜でも外泊するわけにはいきません」

と答えた。

そこで道元は、また典座に、

「もう高齢なあなたは、静かに坐禅修行に専念し、古人の禅問答について学ぶがよいのに、それをしないで、どうして煩わしい典座の役をつとめて、ひたすらお働きになるのです。それとも、なにかよい功徳でもおありなのですか」

すると老典座は、かっかっと大笑し、

「外国の若いお方、あなたは本当の学問や修行とはどういうものなのか、まだおわかりでないようだ」

その言葉を聞くや、道元は大いに慚愧《ざんき》し、そのわけをただちに問いかえした。

「それでは学問とか修行というのは、一体何なのですか」

すると典座は、

「いまあなたが質問されたところを、うっかり通り過ぎなければ、それが学問や修行を究め尽した立派な人なのです」

と答えた。しかし、道元はその意味がよく了解できなかった。典座は、そこで
「もしまだのみこめなかったなら、いつか阿育王山にいらっしゃい。ひとつ、学問などの道理をゆっくり話し合いましょう」

といって、立ちあがり、

「もう日が暮れてすっかり遅くなってしまった。急いで行かなければならない」と言いながら、帰っていった。

このように、道元は『典座教訓《てんぞ》』のなかで述懐している。

それによると、当時の道元は、禅の修行も、炊事に専念することも、一つの修行の道であることが、まだよく呑み込めていなかったことがわかる。老典座のこの一撃は道元にとって、まさに青天の霹靂《へきれき》であった。これまで禅を観念的にしか理解できなかった道元は、老典座との対話を通じて、禅の新しい境地が開け、いま何をなすべきかを改めて悟ったという。そして、禅の神髄である行《ぎょう》の世界へと次第に目覚めていった。こうして、阿育王山の老典座との偶然の出会いは、道元の宗教と思想形成の上で、極めて重要な転機となったのである。

明州の港（今の寧波）についたものの、上陸は容易に許されなかった。延暦寺の大乗菩薩戒は当時の中国大陸では認められていなかったので、それしか持たずに入宋した道元は、しばらく許可を見合せられていたのである。しかし、ようやく三ヵ月ほどして、目的の中国五山の天童山に入ることができた。

その頃のことである。さきの老典座《てんぞ》が再び道元を訪ねてやって来た。そしていうのには、

「わたしは最近、阿育王山の典座職をしりぞいて、これから故郷の西蜀に帰るところです。たまたま仲間のものから、あなたが天童山にいられると聞いたので、ぜひお日にかかりたいと思って、こう

してやって来ました」

異郷で、こういって励ましてくれた老典座の温情に、若き日の道元はどれほど感激したことであろう。以前にもまして、厳しい修行への決意を新たにしたにちがいない。

信頼と喜びで夢中になって話しているうち、まえに船中でかわした学問や修行の問題になった。ときにこの老僧は、

「文字を学ぶものや修行をするものは、それが何であるかをよくのみこむ必要がある」

といった。そこで道元が、

「それでは、文字とはどういうものなのですか」

と聞きかえすと、

「一、二、三、四、五、これが文字というもので、特別なものがあるわけではない」

と答えたという。そこで道元は、

「それでは修行とはどういうことですか」

と尋ねた。老僧は即座に、

「全世界すべての現象が、そのまま真理そのものであって、みな学問・修行の対象でないものはない」

と答えた。人類万物に共通な絶対の真理を見究めるのが禅の悟りであると教えられたのである。

このほかにも、道元はいろいろ問答をかわしたが、それらを通じて、この老僧から大陸禅の手ほどきをうけた。のちになって、道元が自ら述懐し、「いささか文字を知り辨道を了ずる（真理の探究ができたこと）は、すなわち彼の典座の大恩なり」と『典座教訓』のなかで讃え、「いよいよ知る、彼の典座はこれ真の道人なることを」と、つねに老典座を追慕してやまなかったことによっても、この老僧から如何に多くを学んだかがわかるであろう。

老典座との出会いによって、道元は修行とは何であるかを知り、禅こそ自分がこれまで求めていた理想の宗教であることを、改めて確認し、いよいよ本格的な大陸禅の修行に取り組んでいったのである。

いずれの時をか待たん

こうして、大陸禅の修行に本格的に取り組み始めた道元が、最初に師事したのは、天童山住持の無際了派《りょうは》（―一二二四）であった。かれは、当時中国禅宗界で全盛を誇っていた大恵派《だいえ》（臨済宗大恵宗《そう》杲《こう》の門流）の一方の旗がしらである。

ところが、延暦寺の戒壇で受戒したという道元の履歴が全く無視され、外国の新参者であるという理由だけで、新たに受戒した人たちと同列に並べられたのである。さっそく道元は、「修行僧の席次は、最初に受戒した年次からの年数によって決めるべきもので、そのほかの基準によるのは間違いである」と、天童山当局につよく訴えた。けれども当局側は、最澄も空海も、そして栄西もみな、中国側の方針にしたがって、新受戒者の列におかれたという先例をあげ、道元の訴えを一蹴してしまった。そこで道元は、重ねて書類を提出し、「仏法は、国によって異なるべきものではない。登壇受戒したときにもらう戒牒《かいじょう》は、一家の兄弟のようなもので、何処へいってもその価値は同じはずである。したがって修行者の席次は、その最初に受戒した時期の前後によって決めるべきことは、明白である」と純理論を展開し、当局側の一方的な考え方を糾《ただ》そうとした。そのため、ことは天童山だけではすまなくなり、ついに五山の全体会議にまで持ち込まれた。しかし、そこでも先例に準ずるということが評決されたので、道元は最後に、時の皇帝の寧宗《ねいそう》に提訴した。その結果、ようやく道元の主張が認められたという。

当時の中国では、日本からの遊学僧たちに対し、東大寺の戒壇で受戒した年次からの修行年数によって、その席次を決めていた。そこで遊学僧たちはみな、たとえ東大寺の戒壇で実際には受戒していないものでも、形式的に東大寺の戒牒を手に入れて、大陸に渡ったのである。延暦寺のは、中国側が認めなかったからである。言ってみれば、戒牒は今日のパスポートのようなものであるが、道元は延暦寺の戒壇でうけた戒牒だけを持って、胸を張って入宋したのである。そして、この大乗菩薩戒を受けてからの年数によって席次を決めることを、飽くまで主張したのである。

皇帝への上訴、それも外国人の年若い一修行僧の提訴によって、このような重要な問題が道元の主張通りに改正されたとは思われない。そこには、伝記作者の多少の潤飾があったかも知れない。それにしても、まだ二十四歳になったばかりの道元が、堂々と大陸禅の因習に疑問を投げかけ、一方的な中国側の態度に敢然と抵抗しようとしたこの一件は、道元の面目躍如たるものがあるといえよう。

だが、大陸の禅宗界は、このように純粋な道元の期待を裏切るものばかりではなかった。道元が天童山で修行していた夏のある日のことである。ちょうど昼食が終って廊下を歩いていく途中、仏殿のまえで用《ゆう》という典座《てんぞ》が、これまた椎茸の話であるが、それを乾かしていた。手には竹の杖をもっているが、頭には笠もかぶっていない。太陽はさんさんと照りつけ、敷瓦は焼けつくように暑い。典座は、したたる汗もかまわず、精を出して椎茸を乾かしている。いかにも苦しそうである。その背骨は弓のように曲がり、長い眉毛は鶴のように真白い。聞けば、すでに六十八歳にもなるという。道元は、「そんな仕事は若い修行者にやらせればよいのに、どうしてそれをなさらないのですか」と尋ねた。すると典座は、「他はこれ吾れにあらず」――他人にやってもらったのでは、自分がしたことにはならないからですと答えた。そこで、道元はさらに、「あなたのやっている作業は、確かに法にかなっていて、実に見上げたものだと思います。けれども、こんな炎天下で、どうしてそんなに苦しんでやる必要があるのですか」と尋ねた。すると典座は、即座に、

「さらにいずれの時をか待たん」

と答えた。いまやらなければ結局やらないことになってしまう、いまやらなければ一体何時やるときがあるというのかという。この用典座の修行に対する厳しい態度を知って、道元は深く頭が下がる思

いがし、ただもう沈黙のほかはなかった。道元は廊下を歩きながら、典座という役目も禅修行の大切なかなめであることを、しみじみと、ここで又々悟るのであった。

さきに出会った阿育王山の典座といい、いままた天童山の用典座といい、禅寺では比較的地位が低いと思われる典座までが、このように禅修行の真の精神を把握していたということは、道元にとって大きな脅威であったにちがいない。こうして、禅修行とは何であるのか、本来それはどうあるべきかということを、道元は次第に学んでいったのである。

また毎朝道元の隣りの席で、一人の修行僧が一日の修行を始める前に、必ず袈裟《けさ》を頭の上におし戴いて、次のように高らかに唱えてから、身にまとった。

「大なるかな解脱《げだつ》服、無相《むそう》の福田衣《ふくでんえ》、如来の教へを披奉《ひぶ》して、広くもろもろの衆生《しゆじよう》を度せん」

（「袈裟功徳」巻）

この袈裟は、人間のあらゆる執着や煩悩《ぼんのう》をすべて取り除き、世の中に幸福をもたらすことができる法衣である。これを肩にかけ、釈尊の教えを正しく受け継ぐことによって、それを世間にひろくおしひろめ、いきとし生けるものを迷いから救済しよう。

このような教えが経典にみえていることは、まえまえから道元も知ってはいた。しかし、その作法などについては、これまで一度も見たことも教えられたこともなかった。

「あはれむべし。郷土（日本）にありしとき、をしふる師匠なし。すすむる善友あらず。いくばくか、いたづらにすぐる光陰を、をしまざる。かなしまざらめやは。いまの見聞するところ、宿善（前世の善業）よろこぶべし。もしいたづらに郷間（日本）にあらば、いかでか、まさしく仏衣を相承著用せる僧宝（修行者）に隣肩することをえむ。悲喜ひとかたならず。感涙千万行」

（「袈裟功徳」巻）

道元は入宋したおかげで、いまこうして敬虔にして厳粛な作法を直接眼のあたりに見ることができ、深い感動をおぼえ、感涙にむせんだという。

「いかにしてか、われ不肖なりといふとも、仏法の嫡嗣《ちやくし》（正しい継承者）となり、正法《しようぼう》を正伝《しようでん》して、郷土の衆生をあはれむに、仏祖正伝の衣法を見聞せしめむ」

（「袈裟功徳」巻）

是非とも、自分は釈尊の正法の立派な継承者となって、この正伝の大法を日本に正しく伝えて帰り、人びとをその迷いから救ってやりたい。それには何をおいても、まずこの作法を持ち帰らなければならない、と衆生済度の決意をあらたにしたのであった。

毎日が、すばらしく充実した修行の連続である。けれども、道元が経験したのは、このように理想的なものばかりではなかった。不思議にもその頃の中国では、歯を磨く楊枝《ようじ》を使うことを知っているものは殆んどいなかった。このことは『華厳経』などの経典に説かれている作法なのに、どうして中国では行なわれていないのか、と道元が問い質《ただ》すと、人びとはみな色を失ったという。中国の風習では、たまに口をすすぐものがいても、馬の尾を一寸ほどに切ったもので、簡単に歯を洗うだけであった。だから、修行僧たちの口臭は甚だしく、堪えがたいものがあった。高僧といわれる人たちでも、このように口をすすぎ、楊枝を使うという習慣が全く忘れられていたのである。

「いまわれら、露命を万里の蒼波にをしまず、異域の山川をわたりしのぎて、道をとぶらふとすれども、澆運《ぎょううん》（仏法が衰えたこと）かなしむべし。いくばくの白法《びゃくほう》（立派なよい仏法）か、さきだちて滅没しぬらん。をしむべし〳〵」（「洗面」巻）

道元は、その有様をみて、自分たちは真の仏法を求めるために、こうして万波の波濤を乗り越え、危険を犯してまで遠い異国に来たけれども、いったい中国では、仏法はもうすっかり衰えてしまったのであろうか。もしそうだとすれば、まことに残念でならないと歎いている。

勿論、このような一点だけをとらえて、大陸仏教の衰微をなげくのは、いささか大袈裟のようではある。しかし道元は、あらゆる点で大陸の仏教はすぐれており、いまなお理想的に行なわれているであろうという大きな期待に胸をはずませて、入宋したのである。道元にとっては、たとえそれが些細なことであったとしても、意外に思われたのは当然であろう。

この口をすすぎ、楊枝を使う作法とは反対に洗面の作法は、インドや中国では、百姓・漁民から木樵にいたるまで、誰でも日常に行っていたが、日本では当時まだ、そのことを心得ているものがいなかった。道元も、この作法をはじめて知って、愕然とした。そして洗面も、口をすすぎ楊枝を使うのと同様、インドから中国に伝わったもので、歴代の祖師たちも皆この作法を受け継いできた大切な法であることに気がついた。

「洗面は西天竺国（インド）よりつたはれて、東震旦国（中国）に流布せり。諸部の律にあきらかなりといふとも、なほ仏祖の伝持、これ正嫡《しょうちゃく》なるべし。数百歳の仏々祖々、おこなひきたれるのみにあらず、億千万劫の前後に流通せり。ただ垢膩《くに》（垢や汗あぶらのよごれ）をのぞくのみにあらず。仏祖の命脈なり。（中略）おほよそ嚼楊枝・洗面、これ古仏の正法なり。道心弁道のともがら、修証《しゅしょう》（修行によって悟ること）すべきなり」　（「洗面」巻）

それはただ垢や汗あぶらのよごれを落すだけの形式的なものではない。釈尊が正しく伝えたいのちであり、大切な古仏の正法であるから、修行者たるものは必ずこれを厳守しなければならないと、道元は再三にわたって熱心に弟子たちに説いた。修行者の一挙手一投足にいたるまで、釈尊の正法につながるものだとして、道元が日常生活全般をいかに重要視していたかがよくわかる。後年、道元が日本に帰ってから、修行者たちの日常生活全般にわたって、極めて綿密周到な規範（一般に永平清規といわれているもの）をたくさん作っているが、それらはすべて、こうした留学中の貴重な実体験に基づいたものであった。

最初に中国で出会った阿育王山の典座との問答、天童山での典座の苦行、あるいは袈裟の作法や洗面の法など、大陸禅との接触を深めるにつれて、道元は次第にその世界に目覚めていった。真に釈尊の正法を会得《えとく》して身につけるには、ただ頭の中の知識ばかりではなく、実際の行を通じて学ぶのでなければならない。学と行とは、その究極において完全に一致するものでなくては、真の悟りを開くことはできないということが、このような体験を通じてわかってきた。これから先は、その体験を充分に生かして、釈尊の正法を究める切っかけを見付けることである。そのためには、なによりも眼識にかなった真の名師に参ずるほかはない、と悟るに至った。

こうして、真の悟りを求めて諸寺遍歴の旅がはじまる。だが道元が真の悟りを開くまでには、まだ多くの紆余曲折があったのである。

嗣書を求めて

こうして、道元は禅修行の艱難に堪えていくうちに、釈尊の正法とはどういうものか。その核心はいったいどこにあり、どのようにして正法は伝えられてきたか。さらにまた、悟りの実体に迫るにはどうすればよいのかという、求道における真の在り方が、少しずつわかりかけてきたのだった。そして彼は、その根源をいよいよ深く探るためには、悟りを開いた証《あかし》として、師から直接弟子に授けられる嗣書《ししょ》(伝法を記した相承図。血脈・宗派図ともいわれる)について、まず禅宗各派の実態を調べてみる必要があると考えた。

けれども、嗣書は禅の奥義を示すものである上に、各派の秘事に属する大切なものであるから、容易に他見を許されないのが常である。まして二十四歳の若さの、しかも、外国の一修行者では、なおさらのことである。しかし、そこには道元のなみなみならぬ精進があったことはいうまでもない。道元は次々にその真剣な修行態度が認められ、禅宗各派の嗣書を直接手にとって観るという、極めて貴重な体験に恵まれた。

天童山で修行に専念していた道元が、最初に閲覧したのは、臨済宗楊岐《ようぎ》派のものであった。嘉定十六（一二二三）年の秋、道元は日本人の隆禅の手引きによって、伝《でん》という修行僧が持っていた楊岐派の嗣書を観ることができた。それには、釈尊以前の過去七仏から始まって臨済宗を開いた臨済義玄（―八六七）までの、四十五代にわたる祖師の名が書き連ねてあった。さらにその下に、臨済宗楊岐派の祖師たちの名が、中心に集まるように円の形をなして書きめぐらされ、最後の日付の下に、法を継いだ弟子の名が書き込まれてあった。はじめての経験に、それを見たときの道元の感激は身のひきしまるただならぬものがあったにちがいない。

これに次いで観たのは、雲門宗につたわる嗣書である。天童山の修行僧の首席を勤めていた宗月《しゅうげつ》が観せてくれたものは、前回に観たものとは大分違い、円相はなく、代々の雲門宗の祖師たちの名を書き列べ、その下に新しく法を継いだ者の名が書かれてあった。

おなじ禅宗でありながら、宗派によって嗣書の様式がこのように違うのはなぜか。この疑問に、道元はさっそく、その理由を宗月に質《ただ》した。それに対し、宗月は次のように答えたという。

「たとひ同異はるかなりとも、ただまさに雲門山の仏（雲門文偃《ぶんえん》）はかくのごとくなると学すべし。釈迦老子、なに丶よりてか尊重他《ほか》なる。悟道によりて尊重なり。雲門大師、なに丶よりてか尊重他なる。悟道によりて尊重なり」

たとえ各宗派によって嗣書の形式がそれぞれ違っていても、ただ雲門宗の場合はこうだ、というように理解すべきである。なぜ釈尊が他の人にくらべて特に尊いのかといえば、それは釈尊の人物というより、釈尊が開いた悟りが尊いからなのである。それと同じように、雲門宗を開いた文偃（八六四—九四九）が尊いというのも、雲門文偃の悟りが尊いからなのである。

各宗派によって嗣書の様式に相違があっても、それはそれとして認めればよい。大切なことは、悟りそのものであって、嗣書の様式ではない。こうきっぱり断言した宗月の自信にみちた言葉は、道元の心に強く響くものがあった。

やがて道元は、念願がかなって、天童山の住持である無際が持っていた大恵《だいえ》派の嗣書を観る機会に恵まれた。かねがねそれを観たいと願っていたところ、無際の弟子の一人が持ち出して、道元にみせてくれたのである。ときに嘉定十七（一二二四）年正月のことである。

道元は、胸おどらせ、仏祖たちの加護を深く感謝しながら、焼香礼拝しつつ、その嗣書を紐解いた。それは縦二十七糎、横二米十糎余の白絹を用いた巻物で、無際から遡って臨済にいたるまでの伝法の次第が、直接の師である拙庵《せったん》徳光（一一四四—一二〇三）の筆で漢文で書かれていた。（ちなみに拙庵は、のちに出てくる大日能忍の師匠である）

道元は、閲覧し終って、さっそく無際のところへ行って、丁重に謝意を述べた。すると無際は、自

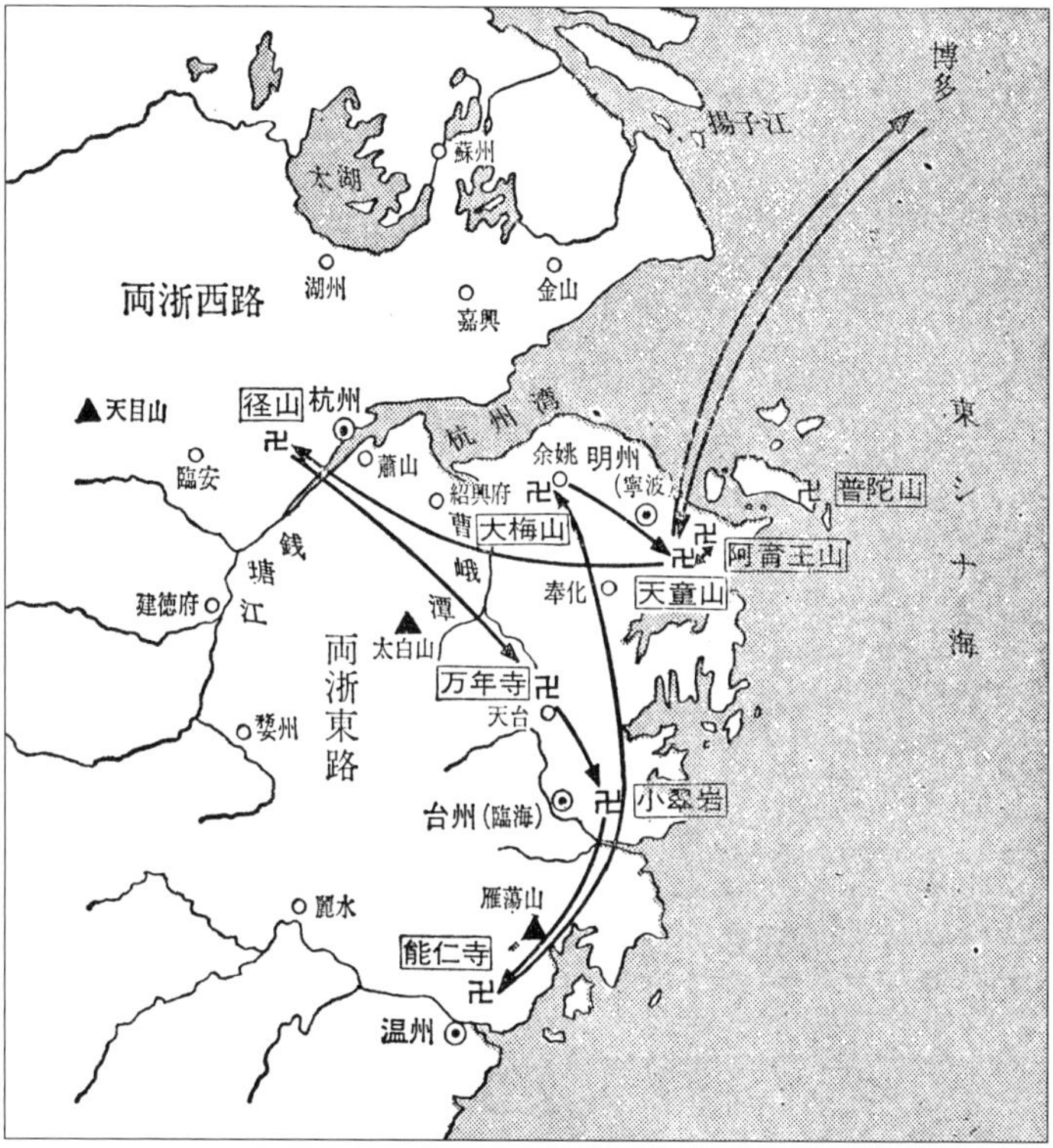

道元の中国遍歴図

分の嗣書を観ることができたのは、ひとえに道元の修行がそれを観るまでの進境に達した賜物であると言って、道元の修行が大いに進歩したことを讃え、もしその気があるならば、大恵派の嗣書を授けてもよいと、暗に無際の弟子になって法を継ぐことを勧めるのであった。道元は大いに感激した。しかし、彼は、自分がまだ充分に禅の悟りの境地に達していないことをよく承知していたし、大恵宗杲《そうごう》（一〇八九―一一六三）の流れをくんでいる無際の禅風には、当時すでに飽き足りないものを感じていたから、嗣書を受けることはしなかった。

ところで、そのころの道元は嗣書を観ることだけに夢中になっていたわけではない。その間に着々と禅探求の成果をあげていたのである。嘉定十六（一二二三）年秋には、入宋当時に道元を励ましてくれた、阿育王山の典座との約束を果すため、阿育王山を訪れている。そのとき道元は、その壁間にかけてある有名な三十三祖の図を初めて拝観した。そこには、釈尊から六祖慧能《えのう》までの三十三代の祖師像が描かれていた。道元は初め、それが何を意味しているのか、よく呑込めなかったという。彼はそこで改めて大陸禅の多様性と深遠さを経験したのであった。

やがて翌嘉定十七（一二二四）年の冬、住持の無際が亡くなったのを機会に、道元は求道《ぐどう》のため天童山を去り、正師《しょうし》を求めて諸寺遍歴の旅にのぼった。

翌年の春、明州から杭州に赴いた道元は、まず五山第一の名刹、径山《きんざん》の興聖《こうしょう》万寿寺に登った。当時この寺には、無際の兄弟子《あにでし》にあたる浙翁如琰《せつおうにょえん》が住持を勤めていたからであろう。このように道元は、さきには無際、いままた浙翁と、引き続き大恵派の禅を学んでいるのである。当時の道元は、全精力を傾けて大陸禅の主流である大恵派の禅を学ぶことによって、問答形式による大陸禅の基本を習得し、悟りを開いて嗣書をうけようと懸命になっていたのである。後年、道元が古来の禅問答について独自の発想や解釈を見出すことができたのは、主としてこの時代の思索と体験に負うものが多かったにちがいない。仮りにもし、道元が大恵派の禅について十分な研鑽をつまなかったならば、あのような深遠な思想と独特な表現をもつ大作『正法眼蔵《しょうぼうげんぞう》』は生まれなかったとさえ言えるであろう。

しかし、道元が希望をもってのぞんだ径山にも、期待していたような、枯淡で古風な禅風はみられなかった。ここでは官僚社会と密着した関係が結ばれ、王侯貴族に迎合した祈禱仏事がさかんに行なわれていた。純粋無垢な道元の求道心を満足させてくれるような、修行第一の禅師は一人もいなかったのである。

失望した道元は、やがて径山から台《たい》州の天台山に赴いて、万年禅寺を訪れた。

この寺は、栄西がその山門を再建するなど、日本とゆかりの深い禅寺であった。そのため道元も大いに歓迎されたようである。住持の元鼒《げんし》は、古今の禅について道元と話し合っているうちに、道元の修行態度を認めたのであろう。かれは道元の要望にこたえ、さっそく嗣書をとり出してきて、道元にみせてくれた。それは縦二十七糎、横一米八十糎の白地の絹に、梅花が美しい綾模様で織られていた。

元鼒はそれを指さし、「これはまだ誰にも見せたことがないものである。けれども、さきごろ唐代の大梅法常（七五二―八三九）だと思われる一人の高僧が夢の中に現われ、一枝の梅をさし上げて、禅を本格的に修行するものが尋ねて来たときには、この梅花を与えることを決して惜しんではならないと告げ、梅花を直接自分に手渡してくれた。その夢をみてから、まだ数日もたっていないのに、こうして真剣に禅の悟りを求めている貴僧に会うことができた。これはきっと大梅法常の引き合わせにちがいない」そういいながら嗣書を道元にみせ、自分の法を継いで弟子になるようにと勧めるのであった。

「この一段の事、まことに仏祖の冥資（蔭のたすけ）にあらざれば、見聞なほかたし。辺地の愚人（道元自らを指す）として、なんのさいわひありてか数番これをみる。感涙霑レス袖ヲ」（「嗣書」巻）

道元は、もっとも尊敬していた大梅法常の加護によって嗣書を閲覧できたという奇縁に、すっかり感激した。

けれども、貴族化した元鼒の禅風もまた、自分の本師と仰ぐには物足りないと判断したので、その法を継がずに、丁重に礼をのべて、そこを立去った。

そののち、道元は再び天童山に戻る途中、わざわざ明州の大梅山護聖《ごしよう》寺を訪れた。この寺は法常ゆかりの禅寺で、そのとき道元は又、法常から一枝の梅花を直接授けられたという夢をみて、大いに感動したという。隠遁的で枯淡な禅風で知られる大梅法常を理想的な祖師として、道元が特別に敬慕していたことがよくわかるであろう。

このようにして道元は、真剣な坐禅修行を続けるとともに、禅宗各派の嗣書を閲覧する機会を積み重ねながら、思索と体験とを深めていった。そして彼は、嗣書のなかにこそ禅の奥義が最も象徴的に明示されていて、釈尊の正法の神髄を継承するためには、釈尊正伝の仏法をただしく伝えている正師から、自分の名が書き込まれている嗣書を直接伝受されなければならないと、一層痛切に考えるようになった。そしてそのためには何よりも、本師と仰ぐべき正師《しょうし》にめぐり会うことが先決問題であると確信するにいたった。

諸寺遍歴の途すがら、道元は又、台《たい》州の小翠岩《しょうすいがん》にも赴いて、住持の盤山《ばんざん》思卓《したく》に参じている。この盤山も、大恵の孫弟子である。さきの天童山の無際といい、径山の浙翁といい、いままた盤山といい、道元は三たび大恵派の禅を学んだことになる。

このほか道元は、はるか南方の温《うん》州まで足をのばし、観音の霊場として天下に知られている雁《がん》山の能仁《のうにん》寺を訪れ、その見聞をひろめた。

このように、道元は二年有余にわたって、大陸各地の禅寺を歴訪した。その間、道元は大恵派の禅を中心に真剣そのものの修行をつみ、禅探求もいよいよその完成の度を高め、もはや悟るばかりになっていた。しかし、残念ながら、どうしても自分が納得できる理想的な正師にめぐり逢うことができなかった。道元にとって、入宋の最大の目的は、この正師に逢うことによって真実の仏法を学ぶことであったから、すべては正師にめぐり逢うことができるかどうかにかかっていた。

「師ノ正邪ニ随ッテ、悟リノ偽ト真トアリ。（中略）正師ヲ得ザレバ、学バザルニシカズ。ソレ正師トハ、年老耆宿ヲ問ハズ。タダ正法ヲ明ラメテ正師ノ印証ヲ得ルモノナリ」（原漢文）

（『学道用心集』）

道元は、「真の正師に指導を受けるかどうかによって、修行者が本当に悟りを開くことができるか、その悟りが偽りになってしまうかに別れる。だから、真の正師を見付けることができなければ、なにも学ばないのと同じことになってしまう。真の正師に会うことができるかどうかに、悟りの成否がかかっている」と考えていたのである。正師に会えないことに、道元はいらだちを覚えた。そして自分が本当の正師と仰ぐような理想的な禅人は、今の中国にはもういないのではないか。これ以上大陸に留まっていても所詮無駄ではないか。もしそうならば、日本に早く帰った方がよいのではなかろうか、と大陸禅に失望を感ずるようになっていた。

如浄との対面

ちょうどそのようなとき、もし禅を本格的に学ぼうと思うなら、是非とも当代随一の禅人である如《によ》浄《じょう》（一一六二―一二二八）に参じてみるがよいと、以前ある老僧から勧められていたことを、ふと想い出した。さっそく道元は天童山に赴いて、うやうやしく香を焼《た》いて、住持の如浄に礼拝した。

二人の目と目が合ったその瞬間、道元が長年いだいていた心のわだかまりが、一時に雲散霧消し、この如浄こそ自分が探し続けていた正師である、と直感した。道元は感激に打ち震えた。いっぽう如浄も初対面で、道元が稀にみる非凡の大器であり、長年の修行によって、すでに禅の悟りの機が熟し、今や悟るばかりになっていることを発見した。この歴史的瞬間、釈尊から祖師たちによって代々相伝されてきた正法の伝授が、理想的な形で完璧に達成された。この如浄から道元への直接の伝法、所謂「面授」によって、道元は悟りを開いたことを正式に認証されたのである。それを道元は身心が脱落したと表現している。いまや道元は、それまでの苦しみから全く解放され、釈尊の正法の正統な伝持者となることができたのである。

道元はこの尊い体験を「面授」の巻で次のようにのべている。

「大宋宝慶《ほうきょう》元年乙酉五月一日、道元、はじめて先師天童古仏（如浄）を（天童山）妙高台に焼香礼拝す。先師古仏、はじめて道元をみる。そのとき、道元に指授面接するにいはく、仏々祖々面授の法門、現成《げんじょう》せり（完璧な形で実現した）」　（「面授」巻）

道元はさらに続けて、「このように如浄と自分との間で完璧に行なわれた面授こそ、釈尊が霊鷲山《りょうじゅせん》で説法のあと花をひねって聴衆をみたところ、摩訶迦葉《まかかしょう》一人だけがその意味を悟って微笑したという、有名な拈華微笑《ねんげみしょう》の故事や、嵩山《すうざん》の少林寺で達磨と二祖恵可《えか》との間でとりかわされた悟りの証明の仕方、あるいは、黄梅山《おうばいざん》で五祖から六祖慧能《えのう》に法衣が伝えられたときの法式、さらに、雲岩曇晟《どんじょう》から洞山良价《りょうかい》への伝法など、禅宗の伝統のなかでも特に典型的なものとされている法の伝授の仕方と全く同等の価値がある。まさしくこれは釈尊の伝法の最も理想的な形で、他の人は夢にも見たことがない唯一のものである」と力説している。いかに道元がこの面授の体験に強い確信をもつに至ったかがわかるであろう。

こうして如浄との対面は、道元に決定的な影響を与えた。もはや道元入宋の大目的は、ほぼ達成されたといってよかった。あとはただ、如浄から直《じき》伝された釈尊の大法を、日本に持ち帰るだけである。

道元は感動し、それまでの驕慢な心はたちどころに失せ、正法を日本に伝来するためには、正師と仰ぐ如浄のもとで一層厳しい修行を積みかさね、さらに悟りを深め、真に禅の大事を学び終らなければならないと考えた。

そのころの心境を、道元は次のように述べている。

「いま現在、大宋国一百八十州の内外に、山寺あり。人里の寺あり。そのかず稱計すべからず。そのなかに雲水（修行者）おほし。しかあれども、先師古仏（如浄）をみざるはおほく、みたるはすくなからん。いはんや、ことばを見聞するは少分なるべし。いはんや相見問訊《しょうけんもんじん》（相まみえて問うこと）のともがらおほからんや。いはんや堂奥（奥義）をゆるさるゝ、いくばくにあらず。いかにいはんや先師の皮肉骨髄、眼睛面目（全人格）を礼拝することを聴許せられんや。先師古仏、たやすく僧家の討《とう》掛塔《かた》（そのもとに長くとどまって修行すること）をゆるさず。（中略）このくにの人なりといへども、共住をゆるされざる。われ、なにのさいはひありてか遠方外国の種子（人間）なりといへども、掛塔をゆるさるゝのみにあらず、ほしきまゝに堂奥（室内）に出入して、尊儀（如浄を指す）を礼拝し、法道をきく。愚暗なりといへども、むなしかるべからざる結《けち》良縁なり」

（「梅花」巻）

中国大陸には無数の修行者がいる。しかし直接如浄にまみえて、その指導を受けたものは決して多くはない。まして如浄から禅の極意を学び、悟りを開いたものは他にいない。このように、如浄は中国の修行者でさえ、そのもとに長くとどまって一緒に修行することを容易に許さなかった。それなのに幸いにも道元は、外国の一修行者でありながら、如浄と一緒に坐禅修行することを特別に許可されたばかりでなく、自由にその室内に出入して、親しく指導を受けることができた。まことにありがたい良いえにしであった、とのべている。

しかも、如浄という人は当代屈指の禅僧で、禅宗各派を学んだあと、大陸禅の主流として中央で栄えていた臨済宗を継がず、かえって貴族化されていない古風な禅風を残している曹洞宗の法を継いだ。のち杭州の浄慈《じんず》寺や天童山などに住したが、政治権力に近づくことを一切さけ、皇帝から恩賜の紫衣《しえ》を贈られたときも、これをきっぱり拒絶した。いつも最下級の黒衣ばかりを着、紋様がついた袈裟などは生涯身につけなかったという。また、実質が伴なわないのに名声ばかりを好むのは、禁制を犯すことより悪いことであると説いて、つねに名利《みょうり》を貪ることを嫌い、六十五歳の高齢になっても、なお厳しい修行にはげむという徹底した坐禅第一の禅人であった。貴族社会に迎合して貴族化していた当時の大陸禅において、まことに異彩を放つ傑出した存在である。純粋で理想主義的な道元が本師とするのには、これ以上はない、うってつけの人物であったのである。このような理想的な正師のもとで、道元の修行は一段とすすみ、いよいよ大悟徹底の機が熟して行った。

ところが、如浄のもとに参じて間もない宝慶元（一二二五）年五月、師とも先輩とも仰ぐ明全が、天童山の了然寮で亡くなった。四十二歳であった。

はじめ師の栄西の遺志をついで日本の天台宗を復興しようと考えていた明全は、その二年ほどまえに明州の天台宗景福寺を訪ねたのだった。しかし、大陸の天台宗の衰微は予想をはるかに上廻っていて、殆んど学ぶべきものがなかった。それに引き換え、江南の地一帯は、禅宗一色に塗りかえられていた。そこで明全は、改めて大陸禅を本格的に学ぶため天童山に移り住んで、この二年余り修行につとめていたのである。歳月あたかも流星のごとく、道元がはじめて建仁寺で師事してから、すでに九年の歳月が流れていた。明全は、後輩の道元が苦難を越え、いまや最高の正師にめぐり逢ったのを見て、やがて訪れるであろう日本仏教の輝かしい将来の布石を夢みながら、不運にもその実現をみないうちに、この世を去ったのである。ともに万波を乗り越えて入宋しながら、雄図むなしく異境に果てた明全の姿をみて、道元は胸中、いよいよ生死との対決を深めたにちがいない。

おなじ夏のこと、道元が再び三十三祖の図を拝観するため、阿育王山を訪れた時のことである。道元は廊下を歩きながら、応接に出た成桂《じょうけい》といろいろ問答をかわした。図の一つを指して「これは何の図ですか」と聞いた。それに対し、成桂は、「それは竜樹菩薩が円い月の姿を現わした図です」と答えた。けれども、そう説明する彼の表情には、さっぱりわかっている様子が見られなかった。そこで道元は、これは本当に画にかいた餅そのままですね、「これ一枚の画餅に似たり」といったが、成桂はただ笑っているだけであった。「竜樹の円月相の図」のなかに、絵そのものを超えた深い意味があることを、成桂が読み取っていないのを見破った道元は、成桂の笑いの中には真実を見抜く鋭い感覚もなく、画にかいた餅を打ち破るだけの気魂もなかった、と評している。

このように、道元の進境は成桂をはるかに超えており、道元が提示した問いに、成桂は十分に答えられなかった。他の禅僧たちにも、問答をしかけてみたが、いずれも道元の相手ではなかった。住持の晦岩《まいがん》大光にも問おうとしたが、まともな答えは返って来ないでしょう、と成桂にいわれ、道元はそれを思い止まったという。道元がはじめて三十三祖の図を見て、その図が意味するものを解きあぐねて二年有余、ついに彼は、いまや自分の禅の境地に勝るものは阿育王山には一人もいないことを、発見したのである。道元二十六歳の夏のことであった。

悟りの体験

道元の禅修行も、いよいよ佳境に入り、悟りの時が近づいた。宝慶二（一二二六）年春三月のことである。夜もふけわたり、午前二時にもなろうとしていた。ちょうどそのとき、住持の居間である大光明《みよう》蔵の方角から、太鼓の音が突然きこえてきた。道元が坐具（礼拝のとき使う敷物）を持って、急いで袈裟を肩にかけ、僧堂から出ると、入室《にっしつ》（師の室に入って問答すること）の札がかかっていた。とりあえず僧衆の後について大光明蔵に行き、香を焼《た》いて礼拝した。入室するものが大勢そこに控えているかと思っていたが、一人も見当らない。ふとみると、如浄がいる妙高台にはすだれがかかっており、その中から和尚の声が朗々と聞えるだけである。そして堂内はすでに僧衆でいっぱいであった。

そこで道元は、そっと僧衆のうしろに入って、臨時の説法をじっと聴いた。そのときの如浄は、まず大梅法常の修行について説いた。やがて話が、法常が人里を離れ、蓮の葉で編んだ衣を着、松葉を食べて山中の苦行に堪えたというところまでくると、法常の純粋で峻厳なこの修行態度に、僧衆は感涙にむせんだ。さらに、釈尊が霊鷲山《りようじゆせん》で行なった安居《あんご》（九十日の夏ごもり）の話も、そのあまりにもひたすらな求道精神と名利を超越した修行態度が、僧衆たちに大きな感動を呼び起した。

ついで如浄は、近くこの天童山でも、釈尊にならって九十日間の夏ごもりを行なうが、ちょうど今は寒からず暑からず、最もよい季節であるから、みんな心して坐禅修行にはげむがよいと諭し、次の詩で説法を結んだ。

天童今夜牛児アリ、黄面ノ瞿曇《くどん》実相《じつそう》ヲ拈《ねん》ズ。買ハント要スルニナンゾ定価無カルベキ、一声ノ杜宇《ほととぎす》孤雲ノ上。（原漢文）

今夜、天童山に一頭の牛がいる。むかし釈尊は、現象の背後には真実が存在するといって、この牛を取り出して法を説かれた。いまこの牛を買いたいと思うのだが、値段がまだ決まっていない。みなのもの一つこれに値を付けてみないか。この牛の背後にある真の意味がわかるものは誰かいないか。もしそれが出来ないならば、このわたしが代って値を付けようか。はなれた雲の上でほととぎすの一声がきこえた。

そして椅子の端を右手で打ち、杜鵑《とけん》啼《ないて》山竹裂《さく》、ほととぎすが鳴いて山の竹が裂けた、といい、さあ、わたしに問答をしかけてみるがよい、と述べた。しかし、誰ひとりとして口を開くものはいなかった。その禅的な雰囲気に感激のあまり、僧衆はただ恐れ入るばかりであった。いつもは誰よりも先に入室して問答をした道元も、このときばかりは一番最後にしようと考えていたという。

その夜は、月の光が建物の間から微かにさし込み、ほととぎすがしきりに鳴いて、いいようのない静寂な一夜であったが、そのときの様子は今も忘れられない。

道元はこのように、十八年前の体験を懐しく回想している。そこには如浄のユニークな禅の指導法と、道元の真剣な修行ぶりがまざまざと眼に見えるようである。道元はもう悟り切るばかりになっていたことがわかる。

いよいよ機は熟した。翌三（一二二七）年、道元が天童山で昼夜をわかたず坐禅修行に熱中していた時のことである。ある朝、僧堂で坐禅中、一人の修行僧が疲労のため眠ってしまった。これをみた如浄は、一切の煩悩や執着を捨て、全身全霊を打ち込んで坐禅に専念しなければならないのに、眠ってしまうとは何事か、と大喝一声した。夢中で坐禅していた道元は、その天雷のような大音声《おんじょう》を聞いて、はっと吾にかえり、悟りを開くことができた。さっそく方丈に赴き、香を焼《た》いて如浄に礼拝した。その様子が只事でないのを見てとった如浄は、いったい何事があったのかと尋ねた。

このとき道元は、「肉体も精神も、一切のあらゆる煩悩や執着からのがれて、自在の境地になることができたのです。これこそ本当の悟りの境地だと確信いたします」と答えた。

これを聞いた如浄は、「そのように肉体も精神も一切のとらわれをのがれ、自由の境地になりきってこそ悟りというものである」と、道元が大悟徹底したことを、ついに認めたのである。

それを、道元は「身心脱落《しんじんだつらく》」と表現している。ところが、如浄は身心脱落という言葉を一度も使わなかった。ただ一回だけ、「心塵脱落」という表現が語録のなかで使われている。してみると道元は、如浄の心塵脱落という言葉から身心脱落という言葉を考え出し、それに、坐禅に徹し切って、あらゆる煩悩や欲望を取り除き、悟りを開くという独自の解釈を持たせたのだ、と考えてよいであろう。

（高崎直道・梅原猛『仏教の思想』十一古仏のまねび〈道元〉）

いまや道元は、長年いだき続けてきた疑問をすべて解決し終り、入宋の目的を完全に達成することができた。しかし、それに安住せず、さらに積極的に修行をつんで、思索と体験を深めたいと考えた。このような不撓不屈の向上心と無類の精神力こそ、不世出の宗教的天才となり得た道元の本領である。

その甲斐あって道元は、幸いにも再び貴重な体験にめぐまれた。あるとき、惟一《いいっ》という天童山の修行者の伝手《つて》で、法眼《ほうげん》宗の嗣書をみることができたのである。それは従来みたのとは全く違っていた。それには、摩訶迦葉《まかかしょう》は釈尊から悟りを開くことを教えられたが、それと同時に釈尊もまた、過去七仏の迦葉仏によって悟りを開いた、と書かれていた。そのような師弟の間の伝法のあり方を、道元ははじめて知った。しかし、なぜそうなのか、道元にはその理由がよくわからなかった。

そこで道元は、「釈尊が悟りを開いたのは、迦葉仏が亡くなってからなのに、迦葉仏はどうして釈尊に法を伝えることができたのでしょうか」と、如浄に質問した。すると如浄は、釈尊から伝わった正しい伝法というのは、ただ師匠から弟子に法を授けるという一方的な附法伝授であってはならないといい、次のように説いた。

「わが仏仏相伝の道は（中略）釈迦仏は迦葉仏に嗣法すると学し、迦葉仏は釈迦仏に嗣法すると学するなり。かくのごとく学するとき、まさに諸仏諸祖の嗣法にてはあるなり」（「嗣書」巻）

迦葉仏は釈尊によって悟りを開いてその法を受け継ぎ、釈尊もまた同時に、迦葉仏によって、初めて本当の悟りを得て、その法を継いだというように理解すべきで、これこそ嗣法の最も正しい姿である、と如浄は説いた。

これを聞いて道元は、はじめて如浄の嗣書に対する真意を知り、嗣法の理想は、このようでなければならないと覚った。祖師たちによって受け継がれてきた釈尊の正法を、ただ観念の上だけでなく、このような嗣書という実証をともなったものとして伝授されることによって、はじめて仏法の極意に達することができる、という結論に到達したのである。

そこで道元は、「真の伝法は、達磨と二祖慧可《えか》、六祖慧能《えのう》と青原行思《ぎょうし》の師弟間で行なわれたように、師匠が指の浄血によって書いた嗣書に弟子が自分の指血を合わせて書き伝える合血の儀礼によって、師弟間の附法伝授が正しく行なわれたことが証明されたものでなければならない。嗣書のなかで師弟を結ぶ朱線は、ただ法流の系統を示しただけのものではなく、神聖な合血を意味したものなのである。

このような意味で、釈尊の正法を最も正しく伝えているのは、禅宗のなかでも、六祖から青原に伝えられた曹洞宗だけである」と述べ、如浄から伝えた曹洞宗の伝法の絶対性に確信を持つことができた。嗣法の真の理想像を発見できたいま、道元は従来の課題はすべて解決したという自信を一層深めた。もはや大陸にながく留まる必要はなかった。あとは日本の衆生を救済するために、如浄から受けついだ釈尊の正法を持ち帰るだけである。

求法の大志をいだいて入宋してから五年、すでに道元は二十八歳になっていた。いよいよ帰国を決意した愛弟子の道元に対して、如浄は、嗣書をはじめ、法衣や法具などを親しく授け、帰国後も深山幽谷にかくれて自重自愛し、釈尊の正法を大切に護持して、これを日本の大衆にひろく弘めるように、と諭すのであった。

いよいよ帰国しようとした日の夕刻、道元ははからずも『碧岩録』の一本を入手した。これは、古くからの禅問答に説明や評釈などを加えた、禅門第一の書として尊重されていたものである。さっそく道元はそれを写しはじめたが、どうにも間に合いそうになかった。このとき白山権現《ごんげん》が白衣の神人の姿になって現われ、その助筆によって、一夜でうつし終ることができたと伝えられている。これが有名な『一夜碧岩』で、現在、金沢市の大乗寺に秘蔵されているのが、それであるといわれている。ただ、のちに述べるように、道元と白山権現との関係ができたのは、道元が越前に下向したのちであるから、実際は宋人などが助筆したのであろう。

いまや入宋の諸目的をすべて達成し、いよいよ帰国しようとしたとき、道元の感慨はいかばかりであったであろうか。如浄に出会うまでの苦難の旅が懐しく思い出されていたことであろう。と同時に、日本における正法宣揚に大いに意欲を燃やしていたにちがいない。

Ⅲ　新しい禅の序曲

坐禅は安楽の法門

安貞元（一二二七）年秋のころ、道元は五年におよぶ入宋の旅を終えて、無事帰国した。

このとき、道元が日本に伝えようとしたのは、他の留学僧たちがこれまでに伝えたような経典でも、仏像でもなかった。道元が日本に持ち帰ったのは、釈尊から正伝された「真実《まこと》の仏法」である。ながい間の厳しい修行を終え、最後に学び取ったこの正法こそ、入宋沙門道元の最大の誇りであった。

帰国した道元は、まず建仁寺に身を寄せたが、かれはいまや何をなすべきかを考えるまでもなかった。「大宋紹定のはじめ、本郷（日本）にかへりし。すなはち、弘法救生《ぐほうくしょう》（法をひろめて一切衆生を救うこと）をおもひとせり」、自分が持ち帰った正法を宣揚することこそ、一切の衆生を救う唯一の道であるという「弘法救生」の信念に燃えていた。建仁寺に落着いたかれは、自分が伝えた仏法こそ、釈尊から受け継がれてきた純一無二の仏法の神髄であるという、この確固たる信念をもって、かれ一流の正法護持の態度をつよく打ち出したのである。

ついで安貞元（一二二七）年、自分が伝えた釈尊の正法は、坐禅を根本とするものでなければならないとして、『普勧坐禅儀』一巻を著わした。（現在、天福元（一二三三）年七月に道元が清書した自筆本と、その由来書が、福井県永平寺に伝わっている）

それは全文、四字および六字からなる句を基本とし、対句を多く用いた華やかな語調をもつ四六駢儷体の典型的な名文で、日本人ばなれのした格調高い立派なものである。内容の充実といい、文体の迫力といい、道元が稀有の文章家であったことを如実に物語っている。

また、そのなかで、

「方《まさ》ニ百丈《はじよう》（懐海《えかい》）ノ規縄《きじよう》ニシタガヒ、遍ク少林（達磨）ノ消息（考え）ニ通ズ」（原漢文）

と彼自身のべているように、唐時代の百丈《はじよう》懐海《えかい》（七四九—八一四）がつくった禅の生活規範に準拠しようとしたものであったことがわかる。

当時の大陸では、長蘆山《ちようろ》の宗賾《そうさく》が北宋末に著わした『禅苑清規《ぜんおんしんぎ》』が、禅宗の生活規範の典型として、最も権威があるものと考えられていた。しかし道元には、その中に説かれている『坐禅儀』は、平板であきたらないものに思われた。そこで、百丈山の懐海が唐代に作ったといわれている『百丈清規』の枯淡な禅精神を復活させたいと考え、この『普勧坐禅儀』を著わしたものであることがわかる。ただ『百丈清規』は、道元が入宋した時には散逸してしまっていたとしか考えられないから、実際には道元はそれを見ていなかったはずである。

このように、『普勧坐禅儀』の撰述には、唐時代には理想的な禅の精神が生きていたとする道元の理想主義的な復古主義が、その根底にあったことを忘れてはならない。

このような考えから道元は、まず禅の本義から説きはじめ、ついで禅の伝統に及び、さらに坐禅の心得や、作法をくわしく述べている。まず禅の本義にふれて、次のように説いた。

「彼ノ釈迦老子（釈尊）ノ生知タル、已ニ六年端坐ノ跡アリ。達磨大師ノ心印ヲ伝フル、更ニ九歳面壁ノ蹤《あと》ヲ胎《のこ》ス。古聖既ニ然リ。今人ナンゾ弁ゼザル。ユヱニ、言ヲ尋ネ語ヲ逐フノ解行《げぎょう》（理解することだけに努めること）ヲ翻《ひるがえ》シ、廻光返照《えこう》（真実の自己を発見すること）ノ退歩（反省）ヲモチヒヨ。自然ニ身心脱落シ、本来ノ面目現前セン。インモヲ得ント欲セバ、急ギ坐禅ヲ務メヨ」（『普勧坐禅儀』）（原漢文）

釈尊は六年間も坐禅し、達磨は壁に向って九年も坐禅をして仏の心を伝えた。昔の聖人たちも、このように坐禅をして修行を積んだのであるから、文字にとらわれた学問ばかりをしていないで、真実の自己を発見するために、いまの人はもっと坐禅の修行にはげむべきである。そうすれば、自然に一切のとらわれをのがれて悟りの境地を開き、真実のすがたを見究めることができるはずである。そうなるためには、まず何をおいても坐禅につとめるべきである。

道元はこのように説き、ついで坐禅の心得や作法について、以下のように詳述している。

坐禅には静かな部屋がよい。食事も節度が必要である。これまでの行きがかりを捨て、すべての仕事もやめ、是非善悪について一切考えてはいけない。心の働きが動くのを止め、ものを考えたり想像したりすることもやめる。もちろん仏になろうなどと考えてはいけない。まず坐禅をする場所に敷物をしき、そのうえに蒲団を置いて坐る。そして結跏趺坐《けっかふざ》、あるいは半跏趺坐をする。結跏趺坐というのは、第一に右の足を左の股のうえにのせ、左の足を右の股のうえにのせる。半跏趺坐は、左の足で右の股を押すように重ねるだけである。着物や帯はゆるくしめ、きちんと整えるようにしなければならない。

つぎに、右の手を左の足のうえにのせ、左の手のひらを仰向けて、右の手のひらのうえにのせる。両手の親指はたがいに支え合うようにする。そこで姿勢を正して静かに坐り、左に片寄ったり右に傾いたり、前にかがんだり、後ろにそっくり返ったりしないようにする。横からみて耳と肩とが真直ぐに、前からみて鼻とへそが真直ぐになるようにしなければならない。舌は上あごにつけ、唇と歯は上下ぴったりと合わせ、目はつねに開いている。身体の姿勢を正しく、呼吸もよく整えて、雑念を忘れて坐禅に打ち込むようにする。これが坐禅の要点である。

このように、道元は坐禅の作法について説き、さらに、

「坐禅ハ則チ大安楽ノ法門ナリ。若シ此ノ意ヲ得バ、自然ニ四大（人間の身体）軽安、精神爽利、正念《しょうねん》分明、法味（微妙な仏法の力）神（精神）ヲタスケ、寂然清楽、日用（毎日のはたらき）天真ナリ。スデニ能ク発明《はつみょう》セバ、謂ツベシ、竜ノ水ヲ得ルガゴトク、虎ノ山ニ靠《よ》ルニ似タリト（中略）誠ニ禅定《ぜんじょう》（坐禅によって身心を統一させること）ノ一門、最モ高勝タリ」（原漢文）（『普勧坐禅儀』）

坐禅は最もすぐれた修行の方法で、しかも、大安楽の法門であるから、その本当の意味がわかれば、肉体も精神も共に爽快になり、邪念やとらわれを離れ、心が動揺することなく、真実のすがたをありのままに見究めることができる。それはちょうど竜が水に住み、虎が山にいて、その力量を存分に発揮することができるように、非常に偉大な法力を自由豁達に表わすことができるようになる。だから

「上智・下愚ヲ論ゼズ、利人・鈍者ヲエラブコトナカレ」（原漢文）

賢人も愚者もえらぶことなく、すべての人が坐禅にはげむべきである、とこのように『普勧坐禅儀』で述べている。

法然や親鸞が念仏を、優れたもの、行ない易いものとして、諸行の中から選択したように、道元は、坐禅を最も優れたもの、最高のものとするとともに、賢い人も愚かなものも、ひとしく誰でもみな実践できる平易な行いとして選択したのである。

その点で注目されるのは、『坐禅儀』のうえに普勧の二字を特に冠したということである。この「普《あま》ねく勧める」という二字を道元がわざわざ加えたのは、おそらく出家者だけの仏教という限られた意味ではなく、広く一般在家の人びとにも勧めるものでなければならないという、基本的な考え方を明らかにしたものである。これによっても、道元がひろく衆生に対する布教を重視していたことがわかる。

このように『普勧坐禅儀』は、道元帰国の第一声であると同時に、坐禅に関する基本的な考え方を

はじめて表明した、いわば道元禅の独立宣言書であった。そしてそれは、日本曹洞宗の出発点でもあった。

こうして道元は、大陸禅のなかから一切の夾雑物を取り除き、釈尊正伝の「真実の仏法」として、坐禅を強く打ち出したのである。そこには、栄西などのように、天台宗などの古代仏教との妥協や兼修によって禅をひろめようという協調性など微塵もなかった。黄竜派の禅を採り入れながらも、延暦寺の末寺として天台宗に属していた建仁寺の立場に対しても、造反したわけである。さらに又、天台宗の延暦寺に対する挑戦とも受けとられた。比叡山をはじめ栄西の門派などから強い反撥をうけるようになったのは、むしろ当然の成り行きであった。おりも折、寛喜二（一二三〇）年十二月、道元の最大の庇護者である外祖父の松殿基房が、波乱に富んだ生涯を木幡の山荘で閉じた。八十六歳であった。

そして丁度そのころ、比叡山の衆徒は、大集会を開き、道元の住居を破棄し、彼を京都から追放するという決議を行なった。もはや、道元は建仁寺にとどまる術《すべ》もなく、比叡山衆徒の迫害をさけ、ひとまず洛南深草の里に隠棲するにいたったのである。

『正法眼蔵』の序章

こうして道元は、いったん京都における布教をあきらめ、将来の飛躍を期して、深草極楽寺の跡に移り住んだ。ときに三十一、二歳の頃である。道元はそのときの心境を、次のようにのべている。

「激揚のときをまつゆゑに、しばらく雲遊萍寄して、まさに先哲の風をきこえむとす」

（『弁道話』）

いまはただ、釈尊の正法を弘めようという心をじっとおさえて、それを精一杯説ける時が来るまで、しばらく京都を離れ、雲水のように諸国を自由に放浪しながら修行をかさね、先哲たちの遺風を十分に学び取ろうと思う。

この言葉のなかには、心ならずも京都を去っていった道元の厳しい心境がよく現われている。

それでは、このとき道元はなぜ深草の極楽寺跡を特に選んだのであろうか。この極楽寺というのは、平安時代の昌泰二（八九九）年、松殿家の祖先にあたる関白藤原基経の発願によって創建された古寺である。もともと道元とは、松殿家を通じて繋がりがあったわけである。道元が建仁寺を追われたとき、まず最初に極楽寺跡に隠棲したのは、こうした因縁があったからではないかと思われる。

こうして深草の里に移り住んだ道元は、ひとまず安養院に身をよせた。この寺は、もと極楽寺の一院であったといわれている。（現在の京都市伏見区墨染町にある曹洞宗欣浄《ごんじょう》寺が、その遺跡だと考えられる）

そのころ道元は、修行者たちが邪師にまどわされないために、自分が伝えてきた釈尊正伝の真実の仏法を明らかにしておきたいと思った。そこでまとめられたのが『弁道話』一巻である。ときに寛喜三（一二三一）年八月のことである。

それは、さきの『普勧坐禅儀』の趣旨を一層論理的におしすすめたものであり、第二の開宗宣言ともいうべきものであった。そこには、道元が伝えてきた仏法こそ、釈尊正伝の「真実の仏法」であるという確固たる信念のもとに、当時における道元の思想の概容が詳しく説かれている。

道元はその巻頭で、次のように説いた。

「諸仏如来ともに妙法を単伝して（中略）端坐参禅を正門とせり。この法は、人々の分上にゆたかにそなはれりといへども、いまだ修せざるにはあらはれず。証せざるにはうることなし」

（『弁道話』）

諸仏如来が代々正しく伝えてきた仏法の正門は、坐禅である。ひたすら坐禅に打ち込むことこそ、正しい仏法に入るための正門であり、最上で並ぶもののない妙術である。しかも、この法は元来誰でも備え持っているものであるから、その気になって真剣に修行をつみさえすれば、必ずその成果の証《しるし》が実際に現われてくるものである。その気になって修行しなければ、何時までたっても現われては来ない。

このように道元は、もっぱら坐禅に打ち込むことこそ釈尊正伝の「真実《まこと》の仏法」を学びとるための正門で、唯一最高の道である、と力説した。

これは、道元が叡山時代からずっといだき続けてきた疑問、つまり、人は生まれながら仏であると説いていながら、一方では修行が必要であると教えるのは何故か、という疑問に対する答えでもあった。

ついで道元は、臨済宗諸派の禅を学んだあと、最後に釈尊正伝の「真実の仏法」として坐禅を伝えてきた経緯と、これをひろめて日本の衆生を救済しようという「弘法救生」の信念を説いた。そして、この「真実の仏法」である坐禅は、たとえ、ほんの一時の坐禅であっても、それは本来あらゆる悟りと修行の完全な姿をそなえているから、永遠に変ることのない偉大な教化のはたらきをする。このように、坐禅の功徳というものは広大無辺で、知りつくそうとしても、到底はかり知ることができない、と説いた。

そして参禅する人たちがいだくと予想される、宗教上の疑問十八をかかげ、一々それに応答するという形式をとって、道元の坐禅に関する抱負と信念とを、次のようにのべた。

「これまでの説明で、坐禅の功徳が広大無辺であることは、よく承りました。しかし、おろかな人は、疑って言うでしょう。仏法には多くの入り口があります。どういうわけで、坐禅だけが真直ぐな入口だといって、坐禅だけを専らすすめるのですか」

このような質問にこたえて、道元は、

「釈尊、まさしく得道の妙術を正伝し、又、三世の如来、ともに坐禅より得道せり。このゆゑに、正門《しょうもん》なることをあひつたへたるなり。しかのみにあらず、西天東地（インド・中国）の諸祖、みな坐禅より得道せるなり。ゆゑに、いま正門を人天《にんでん》（多くの人びと）にしめす」　（『弁道話』）

たしかに仏法にはいるには多くの門がある。しかし坐禅こそ、その正門である。そのわけは、釈尊が正しい悟りを開くことができる坐禅という妙術を伝えてから、インド・中国の諸仏・諸祖はみな、この坐禅によって悟りを開いたからである。そのために、仏法の正門である坐禅を人びとに説き勧めるのである。坐禅以外の諸行は、悟りに到達するための方便ではあっても、「真実の仏法」のかなめではない。だから諸行などは一切やめて、坐禅修行に専念すべきである、と述べ、専修坐禅を強調した。しかも、

「宗門の正伝にいはく、この単伝正直の仏法は、最上のなかに最上なり。参見知識のはじめより、さらに焼香・礼拝・念仏・修懺・看経《かんぎん》をもちゐず。たゞし、打坐して身心脱落することをえよ」（『弁道話』）

正しい禅の伝えでいわれているように、釈尊から真すぐに伝わってきた真実の仏法である坐禅は、これ以上はない最上のものである。だから師に学ぶには最初から、焼香・礼拝・念仏・懺法・読経などの諸行はやめ、もっぱら正しい坐禅を行って、悟りの道にはいる（身心脱落する）ように努めなければならない、ともっぱら坐禅に徹することを勧めている。そして、形式ばかりの読経や、念仏・祈禱・礼拝などをきびしく批判した。

「読経・念仏等のつとめにうるところの功徳を、なんぢしるやいなや。たゞしたをうごかし、こゑをあぐるを仏事功徳とおもへる、いとはかなし。仏法に擬するに、うたゝとほく、いよ〳〵は

るかなり。又、経書をひらくことは、ほとけ、頓漸（頓悟と漸悟）修行の儀則ををしへおけるを、あきらめしり、教のごとく修行すれば、かならず証（あかし）をとらしめむとなり。いたづらに思量念度をつひやして、菩提《ぼだい》（悟りの境地）をうる功徳に擬せんとにはあらぬなり。おろかに千万誦の口業をしきりにして、仏道にいたらんとするは、なほこれ、ながえ（馬や牛につないで車を引かせる棒）をきたにして、越にむかはむとおもはんがごとし。又、円孔に方木（四角い棒）をいれんとせんにおなじ。文をみながら修するみちにくらき。それ医方をみる人の合薬（薬を調合すること）をわすれん。なにの益かあらん。口声をひまなくせる、春の田のかへるの昼夜になくがごとし。つひに又益なし」

（『弁道話』）

ただ舌を動かして大きな声を張りあげていれば、仏の功徳があると思っているのは、まことにいわれのないことである。そんなことが仏法だと思っていると、真実の仏法はますます遠くかけ離れたものになってしまうであろう。仏法を究めようとして、おろかにも千万遍の念仏などといって、口をしきりに動かして声を出しているところは、ちょうど車の方向を北にむけていながら、その反対の南方の越国に行こうとしたり、丸い穴に四角い棒を無理に入れようとするようなものである。そのようなことができるわけがない。そんなことでは、医者が患者の病気がわかっていながら、その病気に合う薬を作ることを忘れてしまったようなもので、すこしも修行の役には立たない。ひっきりなしに声を出しているところは、ちょうど春の田圃で蛙が一日中鳴き続けるようなもので、本統の仏道修行には何の役にも立たないであろう。

「たゞまさにしるべし。七仏の妙法は、得道明心（悟りを開くこと）の宗匠に、契心証会《けいしんしょうえ》（さとりを会得すること）の学人、あひしたがふて正伝すれば、的旨（仏法の正しい精神）あらはれて稟持《ひんじ》（仏法を正しく受けて保つこと）せらるゝなり。文字習学の法師のしりおよぶべきにあらず。しかあればすなはち、この疑迷をやめて、正師のをしへにより坐禅弁道して、諸仏の自受用三昧（自ら悟りの心境を楽しむ境地）を証得（達すること）すべし」　（『弁道話』）

よくよく次のことを知らなければならない。釈尊正伝の真実の仏法は、悟りを開いて心を明らかにしたすぐれた師匠に、おのれの本心を明らかにし道をさとった弟子が付き従って正しく伝えれば、仏法の本旨が現われて、それを正しく保つことができる。こういうことは、文字ばかり学んでいる法師にはわからないことである。だから、真の禅を学ぶためには、このような迷いはやめて、正しい悟りを開いた立派な禅の指導者について教えをうけ、その教えに従って坐禅修行して、正しい悟りを開くようにしなければならない。

このように、道元は坐禅の心がけを説いたあと、さらに、日本に伝わっている天台宗や華厳宗は、いずれも大乗仏教の究極ともいうべきものであり、まして真言宗などは、即心是仏といって、長い期間の修行をしなくても、ひとたび万物の根源を見究めると、たちどころに正しい悟りを開くことができると説いている。これが仏法の極妙ともいってよいのに、それをさしおいて、坐禅の修行を特に勧めるのは一体なぜですか、という弟子の質問に対し、道元は次のように説いた。

「しるべし、仏家には、教の殊劣を対論することなく、法の浅深をえらばず。たゞし、修行の真偽をしるべし。（中略）広大の文字は、万象にあまりてなほゆたかなり。（中略）即心即仏のことば、なほこれ水中の月なり。即坐成仏のむね、さらに又、かゞみのうちのかげなり。ことばのたくみにかかはるべからず。いま真証菩提（真に悟りを開くこと）の修行をすゝむるに、仏祖単伝の妙道をしめして、真実の道人とならしめんとなり。又、仏法を伝授することは、かならず証契《しようけい》（悟りを開いて真理にかなうこと）の人をその宗師とすべし。文字をかぞふる学者をもて、その導師とするにたらず。一盲の衆盲をひかんがごとし。いまこの仏祖正伝の門下には、みな得道証契の哲匠をうやまひて、仏法を住持せしむ。かるがゆゑに、冥陽の神道も、きたりて帰依し、証果（悟りを開くこと）の羅漢も、きたりて問法するに、おの〳〵心地を開明する手をさづけずといふことなし。余門にいまだきかざるところなり。ただ仏弟子は仏法をならふべし。（中略）いまはまさしく仏印《ぶつちん》によりて、万事を放下《げ》し、一向に坐禅するとき、迷悟情量のほとりをこえて、凡聖のみちにかゝはらず、すみやかに（中略）大菩提（立派な悟り）を受用するなり」（『弁道話』）

仏法を学ぶものにとっては、そのような宗派による教えの優劣や浅深が問題なのではない。それよりも、修行そのものが本物か偽物かということをよくわきまえるべきである。いろいろな言葉というものは、森羅万象以上に沢山あるものである。たとえば即心即仏という言葉は、水に映った月のようなもので、月そのものではない。また即坐成仏というのも、鏡の中の影像であって、真の悟りではない。このように、言葉の巧妙さにかかわって、仏法の真理を見誤ってはいけない。真の悟りを開くための修行こそ大切なのである。だから、いまはただその修行を勧めるために、釈尊から正伝された最もすぐれた修行である坐禅を人びとに示して、一人でも多く真実の仏法に生きる人になってもらいたいと思うのである。

また、真実の仏法をうけるためには、かならず正しく悟った人を自分の指導者に選ばなければならない。ただ文字いじくりばかりしているような学者を指導者にしてはならない。かえってそれは、一人の盲人が多勢の盲人を道案内するようなものだからである。今日では釈尊の真実の仏法を正伝しているわが門流だけが、正しい悟りをひらいた人を敬い、真実の仏法を伝持している。だから、冥界の神々もやって来て帰依し、また小乗の悟りを開いた羅漢も訪れて法を問い、いずれもそれぞれ自分の心を開明する手だてを授けられたのである。他宗門では、そのようなことは全く聞かないことである。いまは万事を放擲して、釈尊正伝の仏法によって、ひたすら坐禅をすれば、かならず心の迷いや妄情の思慮分別の世界をのりこえて立派な悟りを開くことができる。

道元はこのように坐禅の効用を説き、坐禅を専修するものは、戒律を厳守しなければならない、と力説した。さらに、坐禅修行をするものが、真言宗や天台宗などの行を兼ね修することをきっぱり否定して、昔から今日にいたるまで、仏の悟りを正伝した祖師で他の修行を兼ねたという例は聞いたことがない、と如浄からも教えられたとのべ、「まことに一事をこと〻せざれば、一智に達することなし」と言いきった。

また、坐禅についてはインドから各宗門でいろいろ説かれ、修行者はみな行ってきているのに、その坐禅のなかに釈尊の正法があつまっているというのは、どうしてかという問いに答えて、次のように述べている。

「いまこの如来一大事の正法眼蔵無上の大法を、禅宗となづくるゆゑに、この問きたれり。しるべし、この禅宗の号は、神丹（中国）以東におこれり。竺乾《じくけん》（インド）にはきかず。はじめ達磨大師、嵩山の少林寺にして九年面壁（中略）のち代々の諸祖、みなつねに坐禅をもはらす。これをみるおろかなる俗家は、実をしらず、ひた〻けて坐禅宗といひき。いまのよには、坐のことばを简して、ただ禅宗といふなり」（『弁道話』）

それは釈尊が説いた真実の仏法のかなめを禅宗と名づけるから、このような質問が出てくるのである。この釈尊正伝の真実の仏法というのは、世にいうところの禅宗ではない。それは戒律とか坐禅とかに分れるまえの根本仏教の姿である。他宗門と対比した場合の禅宗という意味ではない。インドに禅宗という名称がないのは、そのためである。ところが、禅の思想が達磨によって中国に伝えられてから、もっぱら坐禅をするというので、その本質を見抜かないで、形の上だけから見て坐禅宗とか、坐を略して禅宗と呼ぶようになったのである。これは愚かな人のいうことにすぎず、釈尊正伝の仏法を禅宗というのは明かに誤りである、とこのように禅宗の称号を斥けている。

ではまた、日常の行動がすべてそのまま禅でないものはない、と説きながら、一方では、とくに坐禅だけをとり上げて勧めるのはなぜか、という質問には、次のように答えている。

「むかしよりの諸仏、あひつぎて修行し、証入（悟ること）せるみち、きはめしりがたし。ゆゑをたづねば、ただ仏家のもちゐるところをゆゑとしるべし。このほかにたづぬべからず。ただし祖師ほめていはく、坐禅はすなはち安楽の法門なり」　（『弁道話』）

昔から祖師たちが悟りを開くことができたのは、みな坐禅の修行によったからである。しかも、その祖師たちが讃えているように、「坐禅すなはち安楽の法門」であるから、このように普ねく人びとに勧めるのである。

このように、道元は坐禅を専修することをつよく主張し、坐禅は「只管打坐《しかんたざ》」（祇管打坐とも書く）でなければならないと力説した。そこで、この只管打坐こそ日本の曹洞宗における最大の特色であるといわれている。いいかえれば、おなじ禅宗でも、臨済宗の方では参禅するのに公案（祖師のことばや問答などを参禅者のテーマとして授けたもの）を使うが、曹洞宗では、公案を用いないで、ただひたすら黙々と坐禅をかさねて、自然に深い悟りの境地に入るものだというように考える人びとが多い。

しかし、道元の『正法眼蔵』などをよく読んでみると、公案を否定したようなところは、何処にも見当らない。それどころか、いたるところで各種の公案について論評を加えている。圜悟克勤《えんごこくごん》（一〇六三―一一三五）が最も代表的な公案百則に評などを加えた『碧岩録』をしばしば引用しているばかりでなく、「公案によって大悟することができる」と明言しているほどである。さらに又、和文の『正法眼蔵』とは別に、三百一則の漢文の公案をあつめた、『正法眼蔵』という参禅のための手控え書さえ作っている。

したがって、只管打坐という言葉を用いた道元の真意は、これまで一部でいわれてきたように公案を全面的に否定したものでは決してなく、ひたすら坐禅に徹すること、つまり専修坐禅という意味であることがわかる。釈尊が説いた根本仏教の精神に立ち還り、釈尊と同じように坐禅に徹せよという道元の叫びであったのである。

だが道元は、このような坐禅の行を、単なる悟りへの手段とは考えなかった。かれは悟りと修行の関係について、きわめて独特な考えに到達していたのである。

修行と悟りは一つ

そこで、悟りがまだ開けないものは坐禅をするのはよいが、すでに悟りを開いたものは、その必要がないのではないか、という問いに答えて、修行と悟りの関係について、次のように説いた。

「それ、修証はひとつにあらずとおもへる、すなはち外道《げどう》の見なり」

人によっては、修行と悟りは一つのものではない、と考えている。しかし、それはあきらかに真理にそむいた異端者の考え方である。

「仏法には修証これ一等なり。いまも証上の修なるゆゑに、初心の弁道、すなはち本証の全体なり。かるがゆゑに、修行の用心をさづくるにも、修のほかに証をまつおもひなかれとをしふ。直《じき》指《し》の本証（直接に究極の真理を示すこと）なるがゆゑなるべし。すでに修の証なれば、証にきは（際限）なく、証の修なれば、修にはじめなし」　（『弁道話』）

仏法においては、修行も悟りも全く一つのもの、等しいものでなければならない。というのは、修行といっても、「証上の修」、つまり悟りのうえでの修行なのであるから、初心の修行そのままが本来の悟りの完璧な姿なのである。修行のほかに悟りが別にあることを期待しないように、と修行の心構えを教えるのは、まさにそのためである。それは、坐禅そのものが、悟りの実体を直接明らかにする本来の悟りの証《あかし》だからである。もともと悟りは修行と同時にあるのだから、修行に限りがないように、悟りにも限度がない。また、悟ったうえでの修行なのであるから、悟りに初めがないように、修行も、いつから始まったということがないのである。

このように、修行と悟りの証《あかし》は一つなのである。それを、修行と悟りは別々のものだとか、修行は悟りのための手段で、悟りが目的であるなどと考えるのは、誤りである。修行そのものがそのまま悟りの証《あかし》であるという「修証一如」の考えに立たなければならない。これを道元は「本証妙修」とも表現している。

しかし、これでは修行のほかに悟りはない。いいかえれば、修行さえしていれば悟りなどはいらない、修行さえしていればそれでよいのだ、というようにも受け取れる。そこで道元は、修行と悟りの関係について、さらに次のように説いた。

「ここをもて、釈迦如来・迦葉尊者、ともに証上の修（悟った上での修行）に受用せられ、達磨大師・大鑑高祖（六祖慧能）、おなじく証上の修に引転せらる。仏法住持のあと、みなかくのごとし。すでに証をはなれぬ修あり。われらさいはひに一分の妙修を単伝せる初心の弁道、すなはち一分の本証を無為の地にうるなり。しるべし、修をはなれぬ証を染汚《ぜんな》（汚すこと）せざらしめんがために、仏祖しきりに修行のゆるくすべからざるとをしふ。妙修を放下すれば、本証手の中にみてり。本証を出身（悟りの境地に入ること）すれば、妙修通身（全身）におこなはる。又、まのあたり大宋国にしてみしかば、諸方の禅院、みな坐禅堂をかまへて、五百六百および一二千僧を安じて、日夜に坐禅をすゝめき。その席主とせる伝仏心印（仏心の確証を伝えていること）の宗師に、仏法の大意をとぶらひしかば、修証の両段にあらぬむねをきこえき。このゆゑに、門下の参学のみにあらず、求法の高流（すぐれた修行者たち）、仏法のなかに真実をねがはむ人、初心（初心者）・後心（古参）をえらばず、凡人・聖人を論ぜず、仏祖のをしへにより、宗匠の道をおふて、坐禅弁道すべしとすゝむ。きかずや祖師のいはく、修証は、すなはちなきにあらず、染汚することはえじ。又いはく、道をみるもの、道を修すと。しるべし、得道のなかに修行すべしといふことを」

（『弁道話』）

こういうわけで、釈尊も迦葉も、達磨も六祖慧能（六三八—七一三）もみな、「証上の修」、つまり悟ったうえでの修行を受け継いできた。仏法を正しく受け継いできた祖師たちもみなそうであった。このように、悟りを離れない修行があるわけである。われわれも幸いにその「証をはなれぬ修」を受け継ぐことができた。だから、修行を離れては、ありえない悟りを、煩悩で穢さないように、修行をきびしくしなければならない、と祖師たちはしきりに強調された。この妙修に徹すれば、本来の悟りは掌中にみちみちていることになる。本来の悟りを抜け出てみると、妙修は全身を貫いていきいきと行なわれている。

大陸の禅寺では、いまも五、六百人、ないし千、二千人もの禅僧が、このような心がけで、日夜坐禅修行にはげんでいるのを、直接この眼で見てきた。その指導者であり、仏心の確証を伝えている師匠に仏法の大意をたずねてみたところ、修行と悟りは区分されるものではないと答えた。

こういうわけであるから、自分の門下の修行者だけでなく、仏法を求めるすぐれた人びとや、仏法のなかに永遠の真理を探究しようとする人びとは、初心者も経験をつんだ古参のものも区別なく、また凡人も聖人もみなすべて、釈尊の教えにもとづいて、師の指導にしたがって坐禅弁道しなければならない、とすすめるのである。

われわれ人間は幸いにも、悟りと修行とを自分自身の内に備えもっている。初心の坐禅修行によって、本来の悟りを得ることができるのである。修行と一体の悟りを、汚さないようにするためにも、修行をゆるめてはならない。真の道を究めたものだけが、このことを見究めることができ、真の修行ができると祖師もいっている。悟りのなかで修行するということを、よくよく心得なければならない。

このように道元は、修行と悟りは一つであるから、これを煩悩によって汚さないようにするため、きびしい修行をつまなければならないと強調した。道元はこれを「不染汚の修証」、あるいは「不染汚の行持」などともいっている。しかも、そういう本性は、もともと人間にはゆたかに備わっている。人間は煩悩具足の衆生ではなく、仏であるという解釈に立っているわけである。そこが、煩悩具足の人間こそ救われるのだという親鸞の教説と、根本的に異なる点である。

こうして、人は仏性《ぶっしょう》を持っているという信の自覚に徹し、修証一如を力説したところに、道元の思想の独自性がある。それは、人は生れながら仏性をもっているという天台宗の根本思想に対して、それならば、諸仏はなぜ修行を続けなければならないと説くのか、という道元自身の疑問に答えた最終的な結論でもあった。

このように、道元は釈尊時代の根本仏教を理想とし、釈尊の精神に立ち還り、釈尊と同じように坐禅に徹することを説いた。それでは釈尊が説いた出家主義について、道元はどのように考えていたのであろうか。その点について、道元は次のようにいっている。

「おほよそ、仏祖あはれみのあまり、広大の慈門をひらきおけり。これ一切衆生を証入（悟ること）せしめんがためなり。人天《にんでん》（多くの人びと）だれかいらざらむものや。こゝをもて、むかしいまをたづぬるに、その証これおほし。（中略）坐禅弁道して、仏祖の大道に証入す。ただこれこゝろざしのありなしによるべし。身の在家・出家にはかゝはらじ。又、ふかくことの殊劣（優劣）をわきまふる人、おのづから信ずることあり。いわむや世務は仏法をさゆとおもへるものは、ただ世中に仏法なしとのみしりて、仏中に世法なき事をいまだしらざるなり」（『弁道話』）

釈尊正伝の真実の仏法は、出家だけが修行すべきものではない。貴賤男女をえらばず、すべての人々が修行できる宗教でなければならない。釈尊は一切の衆生に悟りを開かせるために、広大の慈悲の門を開かれたのであるから、誰でも自由にこの門に入ることができる。悟りを開くことができるかどうかは、その人の志いかんによるのであって、出家とか在家という身分の違いには直接関係がない。言い換えれば、世間の仕事と仏法とが両立するのでなければ、真実の仏法とはいえない。

このように道元は、万人のための宗教を説いて、在家成仏も女人成仏も認めるという布教態度をとっていた。自分が伝えた釈尊の正法による民衆の救い――「弘法救生」を使命とする宗教でなければならないという初心を持ち続けていたことがわかる。そして、

「国家に真実の仏法弘通すれば、諸仏・諸天ひまなく護衛するがゆゑに、王化太平なり。聖化太平なれば、仏法そのちからをうるものなり」（『弁道話』）

真実の仏法が弘通すれば、国家は無事泰平となり、国家が泰平となれば、仏法も大いに教化の成果をあげることができる。

道元はそう確信していたのである。そこには、道元を京都から追放した比叡山の天台教団などに対する批判がこめられていたように思われる。

しかし、道元が説くこのような正伝の仏法が、末法といわれるこの時代に、果してその効果を十分に発揮できるであろうか、という疑問がわいてくるであろう。

末法思想の否定

この末法思想とは、釈尊滅後に仏法が行なわれた時期を三つにわけ、釈尊滅後の五百年又は千年を正法の時代、つぎの千年を像法の時代、さらにその後を末法の時代とする説である。このうち第一の正法の時代は、釈尊が説いた正しい法が世に行なわれており、その教えによって修行すれば、悟りが十分に得られる時代である。つぎの像法の時代は、正法の時代よりは劣るが、修行によって釈尊の教えを実践しようという意志がまだ残っている時代である。しかしこの時代には、教えと修行者はそろっていても、十分な悟りは得られない。最後の末法時代になると、教えだけは残っていても、それを修行するものがいない。したがって、その証《あかし》は得られない。鎌倉時代はこの末法の時代に当っていると、一般に信じられていたのである。

そこで、鎌倉新仏教の始祖たちはみな、末法の世に適応した仏法として、念仏や唱題などをそれぞれ打ち出した。かの法然は、末法に対する自覚と深い反省から南無阿弥陀仏の念仏の一行を見出し、浄土宗のもとを開いた。ついで親鸞も、比叡山から吉水の法然門下に投じて、信心為本《しんじんいほん》（浄土に往生できるのは、信心が本であるとする考え）の念仏を唱えて、成仏のための修行をしなくても、信心のみで仏の世界に達することができると説いて、浄土真宗を確立した。その著作に『正像末浄土和讃』があり、親鸞が末法思想の持ち主であったことはいうまでもない。このほか栄西も、末法思想の立場をとっていたし、日蓮も、南無妙法蓮華経の題目に末法の世の救いを見出して、日蓮宗をひらいた。ところがひとり道元だけは、この末法思想に同調するどころか、真向からこれに反対して、大乗仏教では正法と像法と末法の時代をわけることをしない、ときっぱり断言した。

「大乗実教（大乗の真実の教え）には、正・像・末法をわくことなし。修すれば、みな得道すといふ。いはむやこの単伝の正法には、入法出身（法に入って悟りを開くこと）、おなじく自家の財珍（宝）を受用（活用）するなり。証の得否は、修せんもの、おのずからしらむこと、用水の人の冷暖を、みづからわきまふるがごとし」（『弁道話』）

時代が末法であろうとなかろうと、そんなことは問題ではない。それよりも、修行を自分ですることが大切である。ほんとうの悟りは、人から教えてもらうものではなく、水を飲んで自らその冷暖を知るように、修行によって各自が自分の持っている仏性をひらきおこすべきものである。それには、立派な禅の指導者について修行の仕方を質《ただ》してから、余分なことを考えず、悟れるかどうか思い切って徹底的に坐禅修行してみることだ。正信修行――まっすぐに信ずる心をもって修行すれば、気のきいた人も鈍い人も差別なく、平等に悟りを開くことができる。それには場所を選んだり、機が熟するのを待っているべきではない。いまからでも直ぐに始めるべきである。日本人はそれが十分できる豊かな素質を備え持っているのだから、と説いた。

おそらくこの時代に、道元ほど末法思想をはっきり否定した人はいないであろう。

このように道元は、「仏法をねがはむ哲匠」や、「道をとぶらひ、雲遊萍寄せむ参学の真流」たちのために、「いさゝか異域（大陸）の見聞をあつめ、明師の真訣（真の秘訣）をしるしとゞめて」伝えたいという切なる願いをこめ、『弁道話』を書き上げた。それは『普勧坐禅儀』の所説をさらに敷衍したもので、自分が伝えた宗教こそ釈尊正伝の真実の仏法であるという信念をあらためて表明した道元の立宗宣言であった。と同時に、このように道元の思想体系の大要を示した『弁道話』は、いわば『正法眼蔵』の序章に当るものといってよいであろう。このことは、『弁道話』の所説の多くが『正法眼蔵』の各巻において詳説されていることでもよくわかる。さらに注目されるのは、『弁道話』の内容が当時の宗教界に対する痛烈な批判にほかならなかった点である。当然のことながら、この書の成立は世の注目を集め、波乱を捲きおこす結果になった。ではこののち、道元は深草において、「真実の仏法」の宣揚をどのように進めていったのであろうか。

Ⅳ　禅思想の展開

興聖寺の説法

道元が建仁寺から深草に移り住んだことを伝え聞き、僧俗門徒が各地から集まってきたので、門下は大いに賑った。

そこで天福元（一二三三）年、極楽寺の一部、観音導利院を中心に、あらたに興聖寺《こうしようじ》が建立された。これは道元が建てた最初の道場で、くわしくは観音導利興聖寺という。京都市伏見区深草にある日蓮宗宝塔寺が、その遺跡にあたるといわれる。（現在宇治市にある興聖寺は、江戸時代の慶安二年に万安英種によって中興されたものである）

このとき法堂《はつとう》は正覚尼《しようかくに》、須弥壇《しゆみだん》は九条教家《のりいえ》が寄進した。教家は良経の子で、道元の母方である松殿を通し、道元とは義理の従兄弟にあたる。それに極楽寺は、九条・松殿両家の祖先である藤原基経が建てた寺院であるから、もともと道元や教家とは深い因縁があったわけである。このような関係からみると、教家が道元を庇護する十分な理由があったことがわかる。しかし、正覚尼については、はっきりしたことはわかっていない。

新道場を設立した道元は、正法の宣揚に大いに自信を得たのであろう。その行動は一層積極性を増していった。さっそくこの年四月には、安居《あんご》（結制《けつせい》・江湖会《ごうこえ》ともいい、九十日間、結界禁足して、坐禅修行に専念するインド伝来の修行方法）を正規に行なった。

また、おなじ夏中、門人たちに対して「摩訶般若波羅蜜《まかはんにゃはらみつ》」の巻を説いた。これは『正法眼蔵《しょうぼうげんぞう》』の最初の巻で、大乗仏教の基本になっている空の思想、すなわち、存在するものすべてには、実体などというものはないという、『般若経』の根本思想をのべたものである。そこには真言宗や天台宗などのこれまでの解釈とは違った道元独自の考えが説かれている点で、注目されよう。

ついで八月には「現成公按《げんじょうこうあん》」の巻を書いて、九州にいる在家の弟子楊光秀《ようこうしゅう》に与えた。これは道元の思想の要点をわかりやすくのべたもので、眼にみえる諸現象のありのままの姿は、すべてそのまま仏法の現われであると考え、これをよく研究しようと主張したものである。道元はさきに『弁道話』で只管打坐を強調するなど、主として実践面を説いたのに対して、ここでは、古則とか公案を用い、見性《けんしょう》（生れながら自分に備わっている仏心を見究めること）とか、悟りということばかりに、心を奪われている当時の禅風を批判し、道元禅の根底となる思想を、理論的に明らかにしておこうとした。

修行と悟りの種々相

道元はその巻頭で、まず、

「諸法の仏法なる時節、すなはち、迷悟あり、修行あり、生あり、死あり、諸仏あり、衆生あり」

この世界のすべてのものは、仏法が現実化されたもので、そのなかには迷いも悟りもあるし、修行があり、生も死もあり、諸仏と衆生があるとして、現実に存在するものの種々相をすべて肯定した。次に一転して、

「万法ともにわれにあらざる時節、まどひなく、さとりなく、諸仏なく、衆生なく、生なく、滅なし」

しかし、すべてに自己という主体がなければ、そこには迷いも悟りもない。諸仏も衆生も、生も死もないわけであるといって、一切の存在を否定する空の思想を展開している。

さらに、その上で、

「仏道、もとより豊倹（相対立すること）より跳出せるゆゑに、生滅あり、迷悟あり、生仏あり」

といい、仏道は、もともと豊かさと慎ましさとの対立の中から出来てきたものであるから、そこには生も滅もあり、迷いも悟りも存在するし、衆生も仏もあるわけであると、さきの肯定と否定を超えた立場に立って、両者の存在を認めている。

「しかも、かくのごとくなりといへども、花は愛惜にちり、草は棄嫌におふるのみなり」

そして、そうはいっても、やはり惜しいと思う花は散り、好ましくない雑草が生い茂るのが、現実の世界というものである、と自然の在りのままの法則を是認している。

また、悟りの世界における自分の立場や考え方について、なにごとでも、自己を中心に考えて、仏

道を修行し悟りを開こうとするのは誤りで、それは迷いである。それは自分を万法の外において、その観点から、万法を自分の対象物として客観的に見ようとするものだからである。仏法の世界では、万法のなかに身を置いて判断をしなければならない。この意味からすると、自己をまず忘れて、万法の方から進んで自己を修行し悟りを開こうとするとき、そこに悟りの世界が開かれるのである。このようなことをよくわきまえて、迷いを迷いとしないで大悟したのが、諸仏である。その反対に、悟りの世界に大いに迷っているのが衆生である。こういうわけで、悟りのうえに悟りを得る人もあるかわりに、反対に、迷いのなかに迷い続けている人もある。

諸仏がまぎれもなく仏であるときには、自己は諸仏であると自覚する必要は全くなかった。しかし、進んで仏の境地をさとって行こうとしたからこそ、悟りを開くことができるのである。

人は精神と肉体すべてによって色・形あるものを見て取り、精神と肉体すべてによって音を聞く。その時は、たしかにその対象がわかったような気がする。しかし、あとになってみると、意識から消えてわからなくなってしまう。それは鏡に映った影のようなわけにもいかない。また、月そのものと水に映った月影のような両者の関係までにもいかない。鏡を意識すれば、それに映る影ははっきりせず、月を意識すれば、それが映る水は意識から遠ざかってしまう。その逆も同様で、その対象そのものをとらえることはできない。このように、一方が実証されるときには、他方は影になって、わからなくなってしまう。

また、仏道修行と自己との関係を次のようにのべている。

「仏道をならふといふは、自己をならふ也。自己をならふといふは、自己をわするゝなり。自己をわするゝといふは、万法に証せらるゝなり。万法に証せらるゝといふは、自己の身心、および他己（自己以外のもの）の身心をして脱落せしむるなり。悟迹（悟りの跡かた）の休歇《きゅうけつ》（全く跡かたがないこと）なるあり。休歇なる悟迹を長々出ならしむ」（「現成公按」巻）

すなわち仏道を修行するのは、本来の自己の在り方を習うことである。自己本来の在り方を習うというのは、自己を忘れることである。いわば自己否定ということである。自己を否定することによって、すべての法によって自己が実証されるのである。そして、自己を否定するところに、本来の自己である仏性が現われる。すべての法によって実証される、つまり仏性が現成《げんじょう》するというのは、自己の身心と自己以外の身心とがとらわれがなくなって、そこに悟りが開かれることである。そうすれば、すべてのものがそのものになりきって、本来の姿になりきる。ありのままになる。これが身心が脱落するという悟りの世界なのである。そこには、悟ったという悟りの跡形も全くなくなっている。その全くなくなっている悟りのあとをそのまま、長く持続させるようにしなければならない。

道元はこのように、悟りの世界を説いた。自己を習うというのは、自己を忘れることであり、自己を否定することである。しかし、忘れっぱなしでは何にもならない。つまり、自己を忘れるというのは、すべての法によって、自己である仏性を実証されたものでなければならない。そこに悟りがある。

自己がないときにすべてが自己になる。そこに本当の悟りの自己があるというのである。

さらに道元は、人の生と死について、次のようにいっている。

「人のしぬるのち、さらに生とならず。しかあるを、生の死になるといはざるは、仏法のさだまれるならひなり。このゆゑに不生といふ、死の生にならざる、法輪（正しい仏教のおしえ）のさだまれる仏転なり。このゆへに不滅といふ。生も一時のくらゐなり。死も一時のくらゐなり。たとへば、冬と春とのごとし。冬の春となるとおもはず。春の夏となるといはぬなり」

（「現成公按」巻）

人は死んだのちには、ふたたび生き返ることはできない。しかし、生が死になるといわないのが、仏法の定まったならわしである。だから、これを不生《ふしょう》という。また、死が生にならないのも、仏教のさだめである。だから、それを不滅と表現する。このように、生も一時の在り方である。同様に、死もまた一時の在り方である。いってみれば、それは四季のうちに冬と春とがあるようなものである。誰しも、冬がそのまま春になるとも思わないし、また、春がそのまま冬になるとも思わない。つまり、春はあくまで春であり、冬が移ったものでもなければ、夏に代るものでもないように、生も死も絶対のもの、永遠の真実である、というのである。

さらに、人と悟りとの関係を水に映る月に譬えて、次のように説いた。

「人のさとりをうる、水に月のやどるがごとし。月ぬれず、水やぶれず。ひろくおほきなるひかりにてあれど、尺寸の水にやどり、全月も弥天《みてん》も、くさの露にもやどり、一滴の水にもやどる。さとりの人をやぶらざる事、月の水をうがたざるがごとし。人のさとりを罣礙《けいげ》（さまたげること）せざること、滴露の天月を罣礙せざるがごとし」　（「現成公按」巻）

人が悟りを得るのは、月が水にやどるようなものである。月も水に濡れないし、水もそのために破れるわけではない。月はひろく大きな光であるが、わずかな水にやどり、天空全体も草の露にやどり、一滴の水にさえやどることができる。悟りが人を破らないのは、このように月が水滴に穴をあけないのと同じである。人が悟りをさまたげないのは、一滴の露が天の月をさまたげないで宿すようなものである。このように、悟りは無限な体験で、すべてを包んでしまう広大な真理である、と説いた。

さらに、悟りの条件について、道元は次のように考えていた。

「うを水をゆくに、ゆけども水のきはなく、鳥そらをとぶに、とぶといへども、そらのきはなし。しかあれども、うを・とり、いまだむかしよりみづ・そらをはなれず。（中略）鳥もしそらをいづれば、たちまちに死す。魚もし水をいづれば、たちまちに死す。以レ水為レ命、しりぬべし。以レ空為レ命、しりぬべし。（中略）しかあるを、水をきはめ、そらをきはめてのち、水・そらをゆかむと擬する鳥・魚あらむは、水にもそらにもみちをうべからず。ところをうべからず。このところをうれば、この行李《あんり》（日常生活一般）、したがひて現成公按《げんじようこうあん》（参禅求道の課題が解けて、完全なすがたで実現すること）す。このみちをうれば、この行李、したがひて現成公按なり」

（「現成公按」巻）

人はその日常の行為が、そのところを得、その道を得れば、必ず参禅求道の課題が解けて、完全なすがたで自分のものになり切って悟りが開け、絶対の真理を発見することができる。

このように説いたあと、馬祖道一（七〇七―八六）の弟子である宝徹の例を引いて、次のように、禅の本質を比喩的に説き及んだ。

あるとき麻谷《まよく》山の宝徹和尚が扇を使っていたところへ、一人の僧侶がやってきて、仏教の説くところによると、風の本性は常住であって、どこにでも無いところはないということですが、なぜ和尚は扇を使っているのですか、と尋ねた。和尚はそれに答えて、貴僧は風の性質が常住だということはわかっているようだが、どこにでも無いところはないということが、まだよく判ってはいないようだ、といった。するとその僧は、それではどこにでも無いところはないというのは、どういう訳ですか、と聞き返した。ときに和尚は、ただ黙って扇をあおぐばかりであった。それを見たその僧は、はたと悟りを開いて、ただ黙って礼拝し、そこを立ち去ったという。

「仏法の証験、正伝の活路、それかくのごとし。常住なれば、あふぎをつかふべからず。つかはぬおりも、かぜをきくべきといふは、常住をもしらず。風性《ふうしょう》（風の本性）をもしらぬなり」

（「現成公按」巻）

仏法の悟りのしるし、釈尊から正しく伝わってきた道は、まさにこのようでなければならない。風の本性は常住であるから、扇を使う必要などないというのは正しい。しかし、扇を使わないときも風があるであろうというのは、常住の真の意味も、風の正体もよく判っていないからである、と批評を加えた。そして最後に、

「風性（仏性を指す）は常住なるがゆへに、仏家の風は、大地の黄金なるを現成（完全に実現化すること）せしめ、長河（揚子江を指す）の蘇酪《そらく》（牛乳を精製した最高の飲料）を参熟せり」（「現成公按」巻）

と「現成公按《げんじょうこうあん》」の巻を結んだ。仏性は常住であるから、仏教者の家風は、大地をして黄金の仏土たらしめ、長河の水を熟させて、すぐれた飲みものとした、というのである。何という雄大で覇気にみちた、宇宙的なひろがりのある詩情の響きではないか。たしかに道元は偉大な宗教家であると同時に、天才的な詩人でもあった。

では、悟りについてこのような考えを持っていた道元は、悟りと修行との関係をどのように考えていたのであろうか。

仏法のために仏法を修す

翌天福二（一二三四）年三月、道元は『学道用心集』を著わし、門人たちに修行上の最も大切な心得を説いた。そのなかで道元は、真の修行の道について、

「名利ノタメニ、仏法ヲ修スベカラズ。果報ヲ得ンガタメニ、仏法ヲ修スベカラズ。霊験（不思

議な霊力）ヲ得ンガタメニ、仏法ヲ修スベカラズ。タダ仏法ノタメニ仏法ヲ修ス。スナハチ、コレ道ナリ」（原漢文）

と、ただひたすら仏法のために、仏法を修行するものでなければならないと説いた。そして修行の指導者についても、

「正師《しょうし》（正しい修行をつんだ高僧のこと）ヲ得ザレバ、学バザルニシカズ。ソレ正師トハ、年老耆《き》宿《しゅく》（年をとって経験が長い人）ヲ問ハズ。タダ正法ヲ明ラメテ、正師ノ印証（悟りを開いたことを証明認可すること）ヲ得ルモノナリ。（中略）行解《ぎょうげ》相応（修行と理論とが一致していること）スル、コレスナハチ正師ナリ」（原漢文）

とのべ、参禅修行によって正しい悟りを得るためには、まず正師を求めるべきで、思想と実践が相伴った正師でなければ、正しい悟りへの指導者とはいえない、と力説し、「参禅学道ハ一生ノ大事ナリ、ユルガセニスベカラズ」と言い放った。そこには、門人の教化に精根を傾けていた道元の旺盛な気魄が感じられる。

こうして、興聖寺教団の強化に没頭していた文暦元（一二三四）年冬、建仁寺時代に道元の門を叩いたことのある孤雲懐奘《えじょう》らが、深草の道元門下に正式に入門した。大和の多武峰《とうのみね》にある妙楽寺（現在の談山神社）の天台教団から新たに興聖寺教団に加わった懐奘という有力な門弟を得て、道元は門下の教化指導に一層自信を深めたにちがいない。こののち懐奘は道元門下の第一の高弟として、その教

化を大いに助けたからである。

そのころ興聖寺では、坐禅の専門道場である新様式の僧堂が完成した。これまで栄西らによって狭い床を用いた坐禅様式が伝えられていたが、新しい南宋式の広床による修行形式がはじめて採り入れられたのである。これについて無住道暁《どうぎょう》（一円房）は、

「一向禅院ノ儀ハ、時至ツテ仏法房（道元）ノ上人、深草ニテ、大唐ノゴトク広床ノ坐禅ハジメテ行ズ。ソノトキハ坐禅メズラシキ事ニテ、信アル俗等、拝シ貴《たうと》ガリケリ」　（『雑談抄』）

と述べている。こうして、革新的な禅堂による新修行様式が深草興聖寺ではじめて誕生したことは、日本の禅宗発展のうえで極めて画期的な出来事で、たちまち世の人びとの注目をあつめた。

やがて、このことが天下に知られるようになると、新道場で修行をしようと、にわかに多くの入門者が全国から集まった。そのなかには、法然門下の覚明房長西《ちょうさい》や、浄土宗第三祖と仰がれる然阿良忠《ねんあろうちゅう》、のちに臨済禅の一派を興した真言僧の無本覚心（心地房）などの各宗の学僧のほか、太宰府の儒者野公大夫など、多くの在家信者が混じっていた。

いまや興聖寺の諸伽藍も完成し、入門者も激増した。道元は教団生活の指導原理を確立する必要を痛感し、その第一歩として、興聖寺の食生活一切をあずかる典座《てんぞ》の心得とその役割を明らかにするため、嘉禎三（一二三七）年春、まず『典座《てんぞ》教訓』を著わした。入宋当時に出会った老典座などによって悟りへの契機を与えられた道元は、典座の役が大事な修行の一つであることに感銘していたからで

著作年代	正法眼蔵の巻名
暦仁元（一二三八）年	一顆明珠
延応元（一二三九）年	即心是仏・洗浄
仁治元（一二四〇）年	礼拝得髄《らいはいとくずい》・山水経・有時・袈裟功徳・伝衣《でんえ》・谿声山色《けいせいさんしょく》・諸悪莫作《しょあくまくさ》
仁治二（一二四一）年	仏祖・嗣書《ししょ》・法華転法華・心不可得・古鏡・看経《かんぎん》・仏性・行仏威儀《ぎょうぶついぎ》・仏教・神通
仁治三（一二四二）年	大悟・坐禅箴《しん》・仏向上事・恁麼《いんも》・行持・海印三昧・授記・観音・阿羅漢・柏樹子《はくじゅし》・光明・身心学道・夢中説夢・道得・画餅・全機
寛元元（一二四三）年	都機《つき》・空華《くうげ》・古仏心・菩提薩埵《さつた》四《し》摂法《せつぼう》・葛藤《かつとう》

ある。

さらに、多くの入門者たちのために、『出家授戒作法』をつくって、出家と授戒の作法を詳しく規定したのであった。

男女の平等を説く

いよいよ興聖寺教団の修行体制も十分に整った。そこで道元は、しばらく途絶えていた『正法眼蔵』シリーズの著作を再開した。右に表で示そう。

その最初は、暦仁元（一二三八）年四月に著わした「一顆明珠《いっかみょうじゅ》」の巻である。道元はそのなかで、門人たちの参禅に役立てようと、唐時代の玄沙師備《げんしゃしび》（八三五—九〇八）が釣舟を捨てて山にのぼり、紙や草でつくった弊衣をまといながら、雪峰義存《ぎそん》（八二二—九〇八）のもとで昼夜厳しい修行に打ち込んで悟りを開いたことを説いた。

ついで翌延応元（一二三九）年四月には、二十一ヵ条からなる『重雲堂式』を著わし、修行者が集まる道場の規律を定めて、釈尊正伝の「真実の仏法」を実践するための基本的な心得を門人たちに示した。

一、「真実の仏法」を求めて真剣に修行しようという志を持ち、名誉や利欲を求めてはならない。

一、堂内の修行僧たちはよく和合し、たがいに仏道を興すことを心掛けなければならない。

一、外出を好んではならない。むかしの修行者が深山幽谷に住み、すべての世縁を断ちきって隠棲し、修行にはげんだ精神を見ならわなければならない。

一、堂内で文字を読んではならない。堂内では寸陰を惜しんで修行に専念しなければならない。

一、勝手に出歩いて遊んだりしてはならない。のんびり一生を終ってしまったのでは、あとで後悔してもはじまらない。

一、他人の欠点をついたり、それにならったりしてはならない。にくしみの心をもって見てはならない。自分の徳をみがくことこそ大切である。

一、大小となく、すべて堂主に報告しなければならない。もしそれに従わないものは堂から退去させるべきである。

一、堂の中や近くで大声を出したり、大勢でガヤガヤさわいではならない。
一、堂内を勝手に歩行してもいけない。
一、堂の中で数珠《じゅず》を持ったり、手をたれたまま出入りしてはならない。
一、特別のとき以外は、堂内で仏名や経文を口に唱えてはいけない。
一、堂内で高い音をたてて鼻をかんだり、つばをはいたりしてはならない。
一、堂内の修行僧は、綾織の着衣を使ってはいけない。紙や布の素衣をきていなければならない。むかしから悟りを開いた人は、みなそのようにしてきたからである。
一、もちろん酒に酔って堂内に入ってはいけない。また、酒や楡《にれ》の皮の粉を入れた漬物などを堂内に持ち込んではならない。
一、争いごとを起こしたものは、二人とも堂から出すべきである。自分たちの修行を妨げるだけでなく、他人の修行をも邪魔するからである。その争いを止めなかったものも同罪である。
一、堂内の規律を守らないものは、おなじように堂から出すべきである。
一、他所から僧俗を招いて、堂内の修行僧をどかせたり、近くで客人と大声で談合したりしてはならない。
一、坐禅は、僧堂の場合とおなじようにしなければならない。朝晩ともなまけてはいけない。
一、食事のとき、食器類を地面に落したものは、禅寺の規則に従って、罰としてこらしめのために一定の燈油を納めなければならない。
一、一般の仏法の規律はもちろん、禅寺の規律は肝に銘じて厳しく守らなければならない。
一、いつでも平穏無事に修行ができるように心掛けなければならない。（抄出）

これによって、興聖寺における道元の教育の実態がどのようなものであったかがよくわかるであろう。

道元は、このように門下の修行僧たちに峻厳な修行生活を求める一方、一般信徒に対しても、きわめて意欲的な布教活動を行なった。すなわち仁治元《にんじ》（一二四〇）年四月、「礼拝得髄《らいはいとくずい》」の巻のなかで、とくに女性と仏教の関係について、次のように説いている。

「正法眼蔵を伝持せらん比丘尼は（中略）礼拝をうくべし。男児なにをもてか貴ならん。（中略）得道（悟りを開くこと）はいづれも得道す。たゞし、いづれも得法（悟ったということ）を敬重すべし。男女を論ずることなかれ。これ仏道極妙の法則なり」（「礼拝得髄」巻）

釈尊正伝の真実の仏法の神髄を伝えた人ならば、たとえそれが尼であっても、これを尊んで礼拝しなければならない。男性だからといって、なにも特別に尊いわけでは決してない。悟りを開くという点では、男も女も同じである。いずれも成仏することができる。男も女も悟りを開いたということ自体が尊いのである。だから、悟りということでは男女はまったく平等でなければならない。これが仏道極妙の法則である、と男女の平等を力説した。道元は、続けて次のように述べている。

「仏法の道理いまだゆめにもみざらんは、たとひ百歳なる老比丘なりとも、得法の男女におよぶべきにあらず。(中略)仏法を修行し、仏法を道取(悟りを開くこと)せんは、たとひ七歳の女《にょ》流《りゅう》なりとも、すなわち四衆(出家と在家信徒)の導師なり。衆生の慈父なり。たとへば竜女成仏《りゅうにょじょうぶつ》のごとし。供養恭敬せんこと、諸仏如来にひとしかるべし。これすなはち仏道の古儀なり」

(「礼拝得髄」巻)

仏法の道理がよく理解できなければ、たとえ百歳の老僧であっても、悟りを開いて成仏した在家の男女に及ぶことはできない。その逆に、仏道を修行して悟りを開いたものは、それがたとえ七歳の幼女であったとしても、修行者たちの指導者たりうる資格があり、衆生の慈父となることができる。それは『法華経』の提婆品《だいばぼん》に見えている八歳の竜女が成仏した場合と同様である。敬い尊ぶべきことは、悟りを開いた諸仏に対するのと同じでなければならない。これが仏教古来の原則であると、女人成仏を説いた。

さらに、

「いま至愚のはなはだしき人、おもふことは、女流は貪婬所対《どんいんしょたい》(むさぼりの相手となるもの)の境界にてありと、おもふこころをあらためずして、これをみる。仏子如レ是あるべからず。貪婬所対の境となりぬべしとて、いむことあらば、一切男子も又いむべきか。染汚《ぜんな》(けがれ)の因縁となることは、男も境となる。女も境縁となる」

(「礼拝得髄」巻)

いま最も愚かな人は、女性が貪欲・婬欲の相手となるものだと思う心を改めないで、女性を見ようとする。仏法を求める人は、これではいけない。女性が貪欲・婬欲の相手となるからといって、これを嫌うならば、一切の男子もまた、同じように忌み嫌うべきである。相手を汚すという点では、男もそうであり、女もそうである。婬欲の相手になるからといって忌み嫌うならば、すべての男性と女性とはお互いに嫌いあって、いつまでたっても仏となるときが来ないであろう。この道理をよくよくわきまえるべきである。また、

「外道も妻なきあり。妻なしといへども、仏法に入らざれば邪見の外道なり。（中略）夫婦あれども、仏弟子なれば、人中天上（人界間・天上界）にも、かたをひとしくする余類なし」

（「礼拝得髄」巻）

仏教徒以外のものでも妻帯しないものもいる。妻を持たないといっても、仏道に入らなければ、間違った考えの外道である。要は、その人が仏道に入っているかどうかが問題であって、妻があるなしが問題なのでは決してない。仏道に入っていれば、夫婦生活も仏道のさまたげにはならない。

道元は、このように在家信徒の夫婦生活を是認したばかりでなく、さらに次のように説いた。

「女人《にょにん》なにのとが、ある。男子なにの徳かある。悪人は、男子も悪人なるあり。善人は、女人も善人なるあり。聞法をねがひ、出離（迷いを離れて悟りを得ること）をもとむること、かならず男子・女人によらず。（中略）女人にてあるとも、参尋《さんじん》知識（高僧に参学すること）し、弁道工夫し

て、人天の導師にてあるあり。（中略）あはれむべし、男児の比丘僧にてあれども、いたづらに教海（仏法の大海）のいさご（砂）をかぞへて、仏法はゆめにもいまだみざることを」

（「礼拝得髄」巻）

悟りを開くということでは、男性と女性の間になにの差別もない。女性であっても、立派な指導者に付いてよく修行をつみ、衆生の大導師となった人がいる。しかし逆に、男の修行僧でも、真剣に修行しなければ、大海の中で砂を数えているようなもので、仏法の真理など少しもとらえることはできない、と男女の無差別平等を説いた。そして次のように述べた。

「日本国にひとつのわらいごとあり。いはゆる、或は結界の地と称し、あるいは大乗の道場と称して、比丘尼・女人等を来入せしめず。邪風ひさしくつたはれて、人わきまふることなし。稽古（古来の仏道を修行すること）の人あらためず。博達（学問がよくできること）の士もかんがふることなし。或は権者《ごんざ》（仏や菩薩がこの世を救うために現われた仮りのすがた）の所為と称し、あるいは古先（先徳）の遺風と号して、更に論ずることなき。笑はば、人の腸も断じぬべし。（中略）かくのごとくの魔界（結界を指す）は、まさにやぶるべし」

（「礼拝得髄」巻）

わが国には、ひとつの笑いごとがある。それは日本の仏教界では結界とか、大乗の道場などといって、尼や女性たちが入ることを厳禁している女人禁制《にょにんきんぜい》の寺院があることである。誰れも、その間違った風習を改めようとしないばかりか、かえって諸祖や先徳たちがのこした立派な遺風だといって、一向に論じようともしない。これは、まことに笑止千万なことである。このような魔界は、さっそく止めてしまうべきである、と道元はきびしい批難をあびせている。

中世という封建社会に生きながら、道元の人間理解がきわめて深く、かつ又、はるかに時代を超えていたことがよくわかる。まさしく道元は、日本における女性解放の先達の一人であった。

罪をも許す

さらに注目されるのは、道元が罪を犯したものまで積極的に救済しようとしていた点である。

「むかし犯罪ありしとて、きらはゞ、一切菩薩をもきらふべし。もし、のちに犯罪ありぬべしとてきらはば、一切発心の菩薩をもきらふべし。如レ此きらはば、一切みなすてん。なにゝよりてか仏法現成せん。如レ是のことばゝ、仏法を知らざる癡人《ちじん》の狂言なり。かなしむべし」

（「礼拝得髄」巻）

むかし罪を犯したことがあるからといって嫌うならば、すべての菩薩をも嫌わなければならない。また、もし今後罪を犯すかもしれないといって嫌うならば、将来仏道に入る志をおこす一切の菩薩も嫌うことになるであろう。このようにして嫌うならば、ついにはすべてを捨て去らなければならない。それでは、どうして真の仏法を実現することができようか。このように言うのは、仏法をよくわきまえていない愚か者の気違いじみた言葉で、まことに悲しむべきことである。

道元はまた、「谿声山色《けいせいさんしょく》」の巻でも、この点に触れて、次のようにいっている。

「浄信一現《いちげん》するとき、自他おなじく転ぜらるゝなり。その利益《りやく》あまねく情・非情にかうぶらしむ。その大旨は、願《ねがわく》は、われたとひ過去の悪業《あくごう》おほくかさなりて、障道（仏道をさまたげること）の因縁ありとも、仏道によりて得道せりし諸仏・諸祖、われをあはれみて、業累《ごうるい》（宿業のわざわい）を解脱せしめ、学道さはりなからしめ、その功徳法門、あまねく無尽法界《むじんほっかい》（尽きることのない仏法の世界）に充満弥綸《みりん》（あまねく行きわたること）せらん」

（「谿声山色」巻）

真心をこめて懺悔し、なにものにもさまたげられない浄らかな信仰が、ひとたび現われるときは、自他ともに仏道に精進することができる。そのめぐみは、あまねく有情・無情の人に及ぶであろう。たとえ過去に犯した悪業がいろいろ重なって、仏道をさまたげるもとになっていても、すでに悟りを得た諸仏・諸祖があわれみをたれて、宿業のわざわいから解き放し、仏道修行のさまたげがないように導いてくれる。そしてその功徳のある教えが、尽きることのない仏法の世界にあまねくゆきわたるであろう。

このように、罪を犯したものまでも救おうとしているところは、その表現こそ違ってはいるが、ちょうど親鸞の悪人正機《しょうき》、つまり悪人こそ救いの正しい対象であると説く思想と、一脈相通じるものがある。

このように、道元の宗教は、貴族とか大衆とかの差別を問わない、賢者も愚者も、出家も在家も区別なく、さらには罪のあるなしさえ問わないという、きわめて普遍性のつよいものであったことがわかる。それは道元の宗教性の不統一を示すものでは決してない。そのころの道元が、釈尊正伝の真実の仏法による民衆の教化と救済、すなわち弘法救生の理想を実現しなければ真の仏法とはいえない、と確信していたからである。

さらに、「諸悪莫作《しょあくまくさ》」の巻では、諸悪をなすことなく衆善《しゅぜん》を行なうべし（諸悪莫作、衆善奉行）という仏教の根本的な教えをとりあげ、全身全霊によってこのことに目覚め、生死を超越して、日常の生活に全神経を集中しなければならないと力説した。

ついで仁治二（一二四一）年には、嗣書《ししょ》の理想像を追求した貴重な体験について、「嗣書」の巻や「仏性《ぶっしょう》」などの諸巻を説いた。「嗣書」の巻については、すでに大陸における「悟りへの道」のところで詳しくのべたから、ここでは省略する。また「仏性」の巻では、一切の衆生がみなもっている仏性の本質を、いろいろな角度から論じている。

さらに仁治三（一二四二）年、「大悟」の巻を説いて、釈尊正伝の真実の仏法は厳然として伝わっているが、それによって開かれる悟りには、いろいろな形があることを述べた。

ついで「坐禅箴《ざぜんしん》」の巻では、次のように説いた。

「近年おろかなる杜撰《ずさん》（でたらめな禅僧たち）いはく、功夫《くふう》坐禅ハ得二胸襟ノ無事一了、便チ是レ平穏地也。この見解《けんげ》、なほ小乗の学者におよばず。人天乗《にんてんじょう》（仏教の修行さえしない人）よりも劣れり。いかでか学仏法の漢といはん。見在（現在）、大宋国に恁麼《いんも》（このような）功夫人おほし。祖道の荒《こう》蕪《ぶ》かなしむべし。又、一類の漢あり。坐禅弁道はこれ初心晩学の要機なり。かならずしも仏祖の行履《あんり》（行ない）にあらず。行モ亦禅、坐モ亦禅、語默動静（日常生活すべて）体安然なり。たゞいまの功夫のみにかゝはることなかれ。臨済の余流と称するともがら、おほくこの見解なり。仏法の正命つたはれること、おろそかなるによりて、恁麼《いんも》道するなり」（「坐禅箴」巻）

近ごろ、おろかな禅僧たちが、参禅工夫して胸中が無事平穏であれば、それでよいのだなどといっている。このような見解は、小乗の学徒にも及ばないし、仏教の修行をしない人たちよりも劣っている。どうして仏法を真に学んだものといえようか。現在の大宋国には、こういった修行者が多い。まことに仏祖の道は荒れ果てて、悲しむべきことである。

また、坐禅修行は初心者だけに必要なもので、かならずしも釈尊が説いたすべての行為ではなく、行も禅であり、坐もまた禅で、なにも坐禅という形式だけにとらわれる必要などないという、皮相的な考えを持っているものが、臨済宗の一部の人びとのなかにいる。これなど、仏法の一番大切なところを学ぼうとするものの態度とは、到底認めることはできないと、このように道元は厳しく批判している。さらに、

「いま現在大宋国の諸山に、甲刹《かつさつ》の主人とあるもの、坐禅をしらず、学せざるおほし。あきらめしれるありといへども、すくなし。諸寺にもとより坐禅の時節さだまれり。住持より諸僧、ともに坐禅するを本分の事とせり。学者を勧誘するにも坐禅をすゝむ。しかあれども、しれる住持人

はまれなり」
（「坐禅箴」巻）

つまり、現在の大陸では、代表的な禅寺の住持でさえ、ただしい坐禅のあり方を知らないばかりか、それを学ぼうとするものさえ少ない。一応、坐禅の時間は決められて坐禅をしてはいるけれども、坐禅や修行を本当によくわきまえている立派な指導者がいない。

そのため、これまでにも坐禅儀や坐禅箴《ざぜんしん》がいろいろ作られてきたが、いずれも本当の坐禅がわかっていない人が作ったものであるから、採るべきものが殆んどない。そのなかで、曹洞宗の宏智正覚《わんししょうかく》（一〇九一―一一五九）の『坐禅箴』だけは大いに見習うべき点があると、道元はこのように述べ、それにならって、あらたに此の巻を著わしたのである。

修行の理想像を描く

ついで道元は、門弟たちに禅修行の理想的な在り方を示すために、『正法眼蔵』最大の山の一つである「行持」の巻を著わした。その巻頭で、まず、

「仏祖の大道、かならず無上（最もすぐれていること）の行持（修行）あり。道環《どうかん》（連なり、ゆきめぐること）して断絶せず。発心《ほっしん》（仏になろうとする心を起すこと）・修行・菩提（迷いから目覚めて悟ること）・涅槃《ねはん》（完全な悟りの境地）、しばらくの間隙あらず。行持道環なり。（中略）不曽《かつて》染《せん》汚《な》（煩悩などでけがれたことがない）の行持なり」
（「行持」巻）

といい、釈尊が説いた最もすぐれた修行のことを、「無上の行持」とか、「不染汚《ふせんな》の行持」とよんでい

る。この唯一最高の修行を一時も怠らずに、しかも無限に休止させないように実践する。そして、発心してから修行のときも、迷いからさめた菩提の境地のときも、完全な悟りに達した涅槃の境地のときも、すべての修行と悟りの間に一分の隙もなく連っていて、断絶がないようにする。このようにすることによって、釈尊正伝の真実の仏法を会得する。これが新仏教の究極の理想であると力説した。

これを道元は、次の

「諸仏・諸祖の行持によりて、われらが行持見成《げんじょう》（完成する）し、われらが大道通達《つうだつ》するなり。われらが行持によりて、諸仏の行持見成し、諸仏の大道通達するなり。われらが行持によりて、この道環の功徳あり。これによりて、仏々祖々（中略）仏成じて断絶せざるなり」（「行持」巻）

という独特の表現を用いている。諸仏や祖師たちの行持によって、われわれの行持が成し遂げられ完全なものとなる、そこに悟りの道が開かれると説いている。また反対に、われわれの行持によって祖師たちの行持が完成されて、そこに悟りが開かれるのである。道元は、釈尊の大道はこのように、道環（ゆきめぐる）して断絶しないと確信していたのである。道元の理想は、釈尊のもっともすぐれた修行、「不染汚の行持」を道環して断絶せずに実践することであり、これを日々の修行に自然に具現することであった。

そのための条件として、道元は次のように説いている。

「仏祖の大道を行持せんには、大隠・小隠（大小の隠者）を論ずることなく、聡明鈍癡《どんち》をいとふことなかれ。たゞながく名利をなげすてゝ、万縁に繋縛せらるゝことなかれ。光陰をすごさず、頭《ず》燃《ねん》（頭髪に火がついて燃えはじめたような早急に解決を要する悩み）をはらふべし。大悟をまつことなかれ。（中略）ただまさに、家郷あらんは家郷をはなれ、恩愛あらんは恩愛をはなれ、名あらんは名をのがれ、利あらんは利をのがれ、田園あらんは田園をのがれ、親族あらんは親族をはなるべし。名利《みようり》等なからんも又、はなるべし。すでに、あるをはなる。なきをもはなるべき道理、あきらかなり。それすなはち、一条の行持なり」　（「行持」巻）

釈尊正伝の真実の仏法を究めるためには、大小の隠者を論ずることなく、また賢者・愚者の差別なく、名利はもとより、あらゆる心のわだかまりを捨てなければならない。そして、早急に解決を要する悩みは、すぐに取り除かなければならない。悟り切る時まで待っている必要はない。ただもう、家も郷里もはなれ、恩愛のきずなも断ち切って、名誉・財産はもとより、親族からも離れ、すべての縁を離れて、身命をかえりみることなく、釈尊に見ならって修行に専念する。そうすることによって、はじめて悟達の域に達することができる、と説いたのである。

釈尊と達磨

修行において肝心なことは、真の師を見出すことである。そこで、修行の模範的な在り方を示すため、釈尊から如浄にいたる祖師たちのうちで、最も典型的な例を選び、それを具体的に説き示そうとした。

「釈迦牟尼仏《しゃかむにぶつ》、十九歳の仏寿より、深山に行持（修行）して、三十歳の仏寿にいたりて、大地有《う》情《じょう》（一切の生きもの）同時成道の行持あり。八旬の仏寿にいたるまで、なほ山林に行持し、精藍《しょうらん》（修行道場）に行持す。王宮にかへらず、国利を領せず（中略）外道《げどう》の訕謗《せんぼう》（そしり）を忍辱（耐え忍ぶ）す。おほよそ一化《いちけ》（釈尊一代の教化）は行持なり。浄衣・乞食《こつじき》（修行に必要な食を得るため食を乞い求めること）の仏儀、しかしながら行持にあらずといふことなし」　（「行持」巻）

釈尊はネパールの国王浄飯王《じょうぼんのう》の王子として生まれながら、十九歳で出家の道に入り、深山にこもって修行に専念した。三十歳のとき悟りを開いたが、八十歳の晩年にいたるまで、生涯山林を離れず、苦行を続けた。その間、一度も王宮に帰らず、国家からの補助も一切受けず、弊衣をまとい、乞食の行によって生活するという原則的態度を変えようとせず、外道たちの謗りを甘受し、忍従し続けるのであった。

このような釈尊の姿こそ、道元の最も畏敬するところであり、修行における最高の理想像であった。このように道元は、一貫して根本仏教の精神に立ち還ることを最高目標とした。『正法眼蔵』の最後を、「釈迦牟尼仏にひとしくして、ことなることなからん」という言葉で結んでいるのも、そのためである。道元の釈尊に対する思慕が、いかに強かったかがわかる一コマである。

釈尊の次は、その弟子の摩訶迦葉《まかかしょう》である。

「摩訶迦葉尊者は、釈尊の嫡嗣《ちゃくし》なり。生前もはら十二頭陀《ずだ》（乞食など、修行僧が行なうべき十二種

禅宗の系譜　一

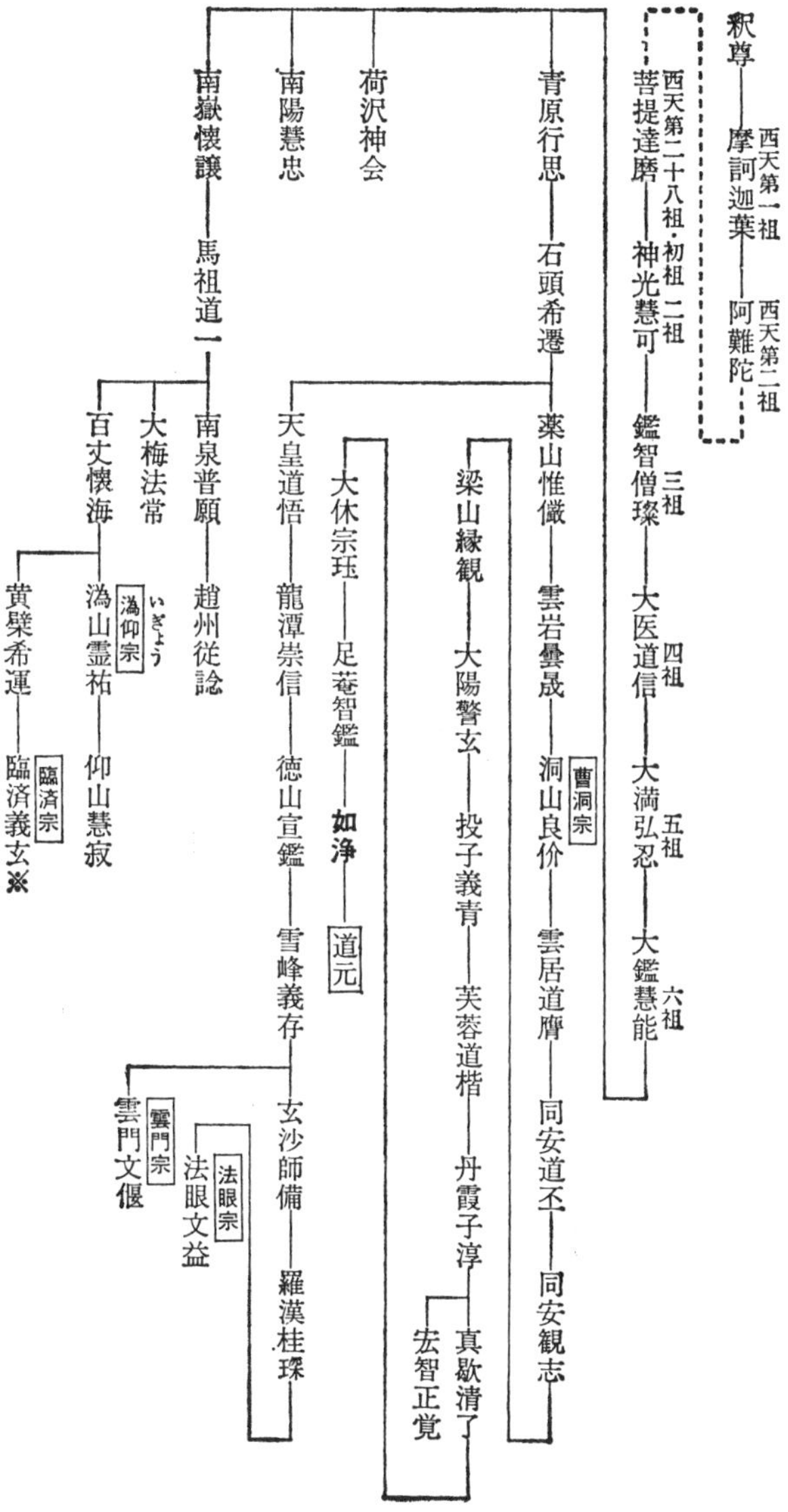
釈尊
西天第一祖
摩訶迦葉
西天第二祖
阿難陀
西天第二十八祖・初祖
菩提達磨
二祖
神光慧可
三祖
鑑智僧璨
四祖
大医道信
五祖
大満弘忍
六祖
大鑑慧能
青原行思
石頭希遷
薬山惟儼
雲岩曇晟
曹洞宗
洞山良价
雲居道膺
同安道丕
同安観志
梁山縁観
大陽警玄
投子義青
芙蓉道楷
丹霞子淳
真歇清了
宏智正覚
大休宗珏
足菴智鑑
如浄
道元
天皇道悟
龍潭崇信
徳山宣鑑
雪峰義存
玄沙師備
羅漢桂琛
法眼宗
法眼文益
雲門宗
雲門文偃
荷沢神会
南陽慧忠
南嶽懐譲
馬祖道一
南泉普願
趙州従諗
大梅法常
百丈懐海
潙仰《いぎょう》宗
潙山霊祐
仰山慧寂
黄檗希運
臨済宗
臨済義玄※

禅宗の系譜 二

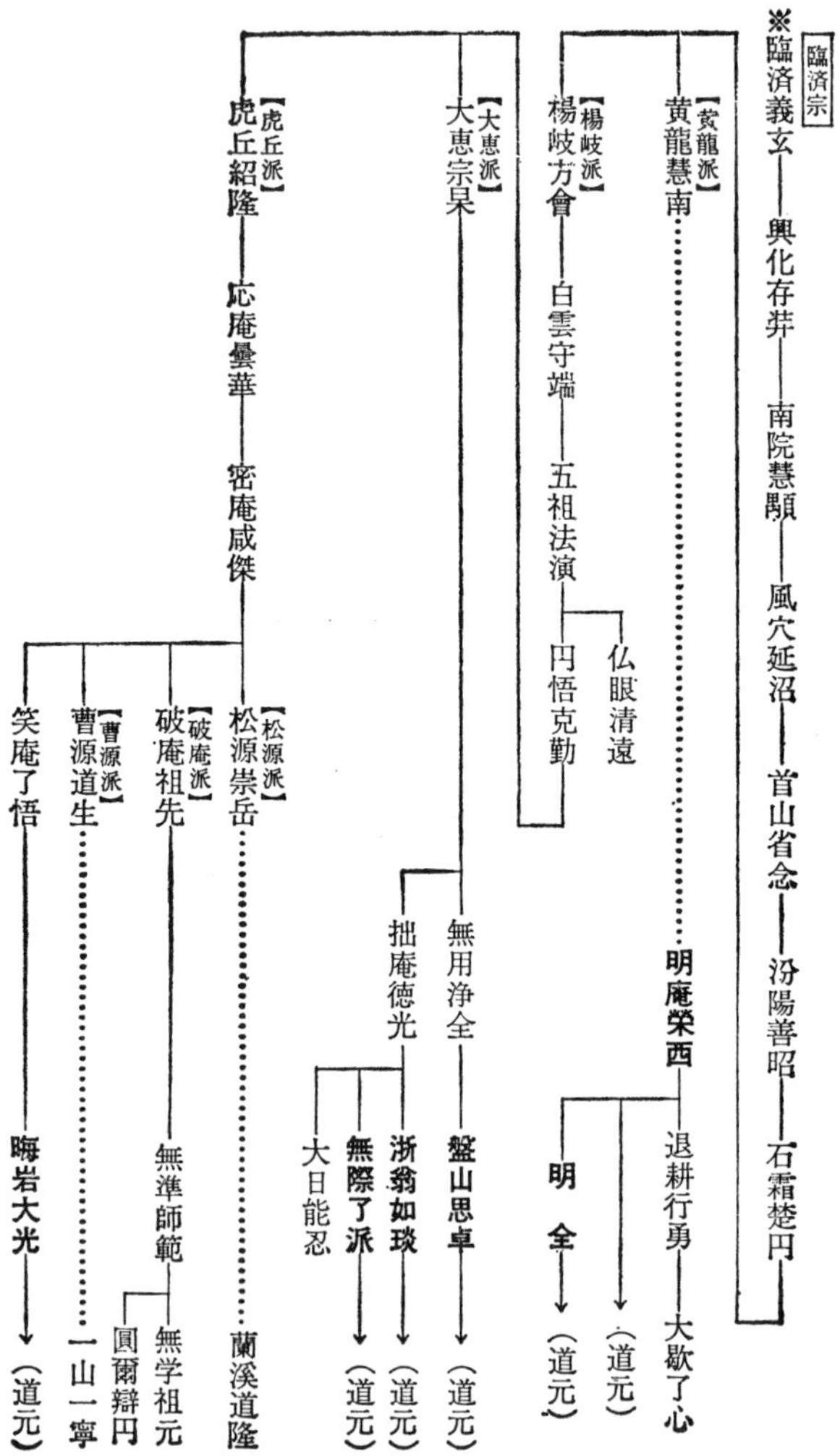
臨済宗
※臨済義玄
興化存奨
南院慧顒
風穴延沼
首山省念
汾陽善昭
石霜楚円
【黄龍派】
黄龍慧南
明庵栄西
退耕行勇
大歇了心
(道元)
明全
(道元)
【楊岐派】
楊岐方會
白雲守端
五祖法演
仏眼清遠
円悟克勤
【大恵派】
大恵宗杲
無用浄全
盤山思卓
(道元)
拙庵徳光
浙翁如琰
(道元)
無際了派
(道元)
大日能忍
【虎丘派】
虎丘紹隆
応庵曇華
密庵咸傑
【松源派】
松源崇岳
蘭溪道隆
【破庵派】
破庵祖先
無準師範
無学祖元
圓爾辯円
【曹源派】
曹源道生
一山一寧
笑庵了悟
晦岩大光
(道元)

の苦行）を行持して、さらにおこたらず。（中略）摩訶迦葉尊者、よく一生に不退不転なり。如来（釈尊）の正法眼蔵（正法のかなめ）を正伝す」（「行持」巻）

摩訶迦葉は釈尊にならって、どんなに憔悴することがあっても乞食行を止めず、もっぱら山居の修行を続け、骸骨を眺めながら坐禅するなど、修行者が守るべき十二種の苦行をかたく守り抜き、釈尊の正法のかなめを正しく受け継いだ人であると、その修行態度の厳しさを称賛した。

さらに、釈尊から二十八代目に当る達磨についても、次のようにその行跡を讃えた。

「初祖（達磨）は、釈迦牟尼仏より二十八世の嫡嗣なり。父王の大国をはなれて、東地（中国）の衆生を救済する、たれのかたをひとしくするかあらん。もし祖師（達磨）西来せずば、東地の衆生、いかにしてか仏正法を見聞せん。（中略）いま、われらがごときの辺地遠方の披毛戴角《ひもうたいかく》（野蛮未開のものたち）までも、あくまで正法をきくことをえたり。いまは田夫・農父、野老・村童までも見聞する。しかしながら、祖師（達磨）航海の行持にすくはるゝなり。（中略）しばらく嵩山《すうざん》（少林寺）に掛錫《かしゃく》（長くとどまって修行をすること）すること九年なり。（中略）仏仏嫡嫡相伝《そうでん》する正法眼蔵、ひとり祖師（達磨）のみなり」（「行持」巻）

達磨はインドの王国に生まれ、五百二十年頃、釈尊の正法を伝え、広く衆生を救済するため、身命を惜まず、海路中国大陸に渡って梁の武帝に禅を説き、さらに嵩山の少林寺に入って、中国にはじめて釈尊の正法である禅を伝えた。いまや遠方のわが国の農民や村童にいたるまで、老いも若きも釈尊の正法を聞くことができるようになったのは、ひとえにそのお陰である。このように身命を惜まず、釈尊の正法を伝承したのは、実に達磨一人だけであった。

「いま正法《しようぼう》にあふ。百千恒沙《ごうしや》（数えきれないほど沢山）の身命をすてゝも、正法を参学すべし。（中略）しづかにおもふべし。正法よに流布せざらんときは、身命を正法のために抛捨《ほうしや》（投げ捨てる）せんことをねがふとも、あふべからず。正法にあふ今日のわれらをねがふべし。正法にあふて身命をすてざるわれらを慚愧《ざんき》せん。はづべくは、この道理をはづべきなり。しかあれば、祖師の大恩を報謝せんことは、一日の行持（修行）なり。自己の身命をかへりみることなかれ。禽獣よりもおろかなる恩愛、をしんですてざることなかれ。たとひ愛惜《あいせき》すとも、長年のともなるべからず。あくた（ちりやごみ）のごとくなる家門、たのみてとゞまることなかれ。（中略）病雀《びようじやく》なほ恩をわすれず。（中略）窮亀《きゆうき》（籠に入れられた亀）なほ恩をわすれず。（中略）かなしむべし。人面ながら畜類よりも愚劣ならんことは。いまの見仏聞法《もんぽう》（正師について仏法を聞くこと）は、仏祖面々（悟りを開いた多くの先輩たち）の行持よりきたれる慈恩なり。仏祖もし単伝せずば、いかにしてか今日にいたらん。一句（一つの言葉）の恩、なほ報謝すべし。一法の恩、なほ報謝すべし。いはんや正法眼蔵無上大法の大恩、これを報謝せざらんや」

（「行持」巻）

達磨のお陰で、幸いにもわれわれは釈尊の正法に逢うことができたのであるから、身命をなげうって修行にはげまなければならない。病雀や籠に入れられた亀でさえ報恩したという故事がある位である。ましてや人間たるものは、釈尊が伝えた正法を受けたという大恩に報謝しなければならない。それには、毎日の修行に専心することこそ、その大恩に報ゆる道である。「たゞまさに日日の行持、その報謝の正道なるべし。いわゆるの道理は、日日の生命を等閑《なおざり》にせず、わたくしにつひやさざらんと、行持するなり」このような心がけがあってはじめて本当の修行ができる、と道元は説いた。

また、六祖の慧能《えのう》（六三八―七一三）は、先輩の修行僧をとび越えて師法を継いだため、危害を避けて秘かに南方にかくれ、後年になってようやく世に出たと伝えられる人であるが、道元は、その慧能について、次のように説いた。

慧能は、幼くして父を失ない、老母に養育され、貧しかったので木こりで生計を立てていたが、町を歩いていたとき、『金剛経』の一句を耳にして、たちまち老母を捨てて出家してしまい、厳しい修行の末、ついに悟りを開いた。恩愛のきずなを断ち切り敢て選んだという、修行に対する厳しさを、道元はたたえたのである。

また、百丈山《はじようざん》の懐海《えかい》（七四九―八一四）の修行について、懐海は、最初に馬祖の侍者になってから一生を終るまで、一日として、衆生のために勤めない日はなかった。すでに老齢になってからでも、なお若い修行者たちと一緒に寺内の作業に精を出して働いた。あるとき人々が同情して、道具を隠して与えなかったところ、その日はとうとう一日中食事を取ろうとしなかった。道元はこういって、懐海の修行に対する厳しい態度を絶賛したという。

趙州と如浄

また、趙州《じょうしゅう》の従諗《じゅうしん》（七七八―八九七）についても、観音院の従諗という人は、六十歳を過ぎてから、はじめて仏道修行の志を立て、諸方を行脚し、南泉普願《なんせんふがん》のもとで修行をつむこと二十年におよんだ。そして八十をすぎてから観音院に住み、人びとを教化すること四十年に及んだ。この間、決して財産を貯えようなどとはせず、米がなければ、栗や椎の実をひろって食事にあてて節食した。あるときなどは禅堂の床の脚が折れたが、焼け残りの棒を縄で結び付け、そのまま修行を続けて、とうとう床の脚を取りかえさせなかったほどである。このような古仏の風格と戒律を守った行ないは、まことに見習うべきところが多い。趙州こそ釈尊正伝の正法を受け継いだ真の古仏だと人びとがいうのは、まことにもっともなことである。

道元はこのようにのべ、世間の名利に超然とした、枯淡で脱俗的な家風を大いにたたえ、これを思慕してやまなかった。さらに「葛藤《かっとう》」の巻でも、臨済も徳山も、潙山も雲門も、趙州古仏には到底及ばないと、その禅風も高く評価したのである。

ついで、おなじく馬祖の弟子で、大梅山に護聖寺《ごしょうじ》をひらいた法常（七五二―八三九）について、かの法常は、かって馬祖に参じて、仏とは何かと聞いた。そのとき、人間が本来もっている心、そのものが仏である、と答えた馬祖の言葉をきいて、悟りを開いた人である。そののち大梅山の絶頂にのぼって草庵を営み、独居して人びととの交際を一切断ち、松の実を食べ、蓮の葉であんだ衣をきて、坐禅修行にはげむこと三十余年にもおよんだ。その間、歳月がたつのを忘れ、ただ四方の山が毎年青から黄色にかわるのをみて過ごし、その態度は一生変らなかったという。

道元は、天台山の万年寺で、法常の引き合わせによって嗣書をみる機会にめぐまれたことがあった。また、天台山から天童山へ帰る途中、法常ゆかりの護聖寺に泊ったが、そのときも法常から梅花一枝を授けられた夢をみた。脱俗的で隠者的な法常の禅風に、道元がいかに私淑していたかがわかるであろう。

また、五祖の法演（―一一〇四）についても、その高潔な修行態度を次のように絶賛している。五祖法演が、はじめて楊岐山に住んでいたとき、建物はみな老朽して壊れ、なかでも僧堂はひどいものであった。冬になると雪や霰が床にまで満ちて、座っているところさえない有様で、坐禅さえ容易にできない。その修理を願い出たものがあったが、和尚は一言のもとにしりぞけ、むかしの聖人たちはみな樹の下や屋外で修行をしたではないか、出家した以上、そのような立派な建物を整えることなど考える必要は毛頭ないといって、ついに許そうとはしなかった。しかし、天下の修行者たちは、その門下で苦しい修行にはげむことをかえって望んだ。修行者たるものは、そのことをよくよく肝に銘じなければならない。

道元はこのほか、臨済宗の祖である臨済義玄（―八六七）についても、黄檗の弟子である臨済義玄は、師について修行すること三年、その間三たび仏法の大意を問い質し、師から六十に余る痛棒をくらったが、なお修行の志をゆるめようとはしなかった。その修行態度はまことに純粋で、他に比べるものがないほど抜群で、いまの人は到底まねることはできないと述べている。

おなじく芙蓉山《ふようざん》の道楷《どうかい》（一〇四三―一一一八）についても、かれは、名利に恬淡としていた高潔な人物で、禅師号とそのしるしである紫衣を皇帝から贈られたが、固辞して受けず、つねに山林に隠棲して、毎日粥一杯だけを食するだけであった。門人は厳しい修行に堪えられないで、ほとんど師のもとを立ち去ってしまったが、道楷は食を得るために山を下りたり、町や村に出かけて寄進を集めるようなことは一切せず、粥がなければ重湯をすすって、日夜坐禅修行にはげんだ。これこそ釈尊から伝えられた禅の正しい教えであるから、われわれ後進のものは、道楷のような修行を慕い学ばなければならない、と道元は讃えている。

このほかにも、禅の修行における模範的な先例をいくつか列記し、最後に先師如浄について、次のようにのべた。

先師如浄《にょじょう》は、十九歳のとき禅宗に転じ、よき指導者を求めて坐禅修行を続け、一日として寸暇を惜しんで坐禅をしない日とてなかった。その間、釈尊の修行を理想とし、それと同じようにありたいとの初一念を貫き、国王・大臣・高官など貴族社会と交わることを避け、七十歳になってもなお厳しい修行を続け、少しも退転することがなかった。一切の名誉や、利欲の心を捨て、たまたま皇帝から禅師号と紫衣を贈られたが、固くそれを辞退し、紋様がついた袈裟など用いず、一生涯黒衣のままで通した。しかも、釈尊の悟りの域に達しようと、僧堂など正規の坐禅のほか、閣上や岩下など人目につかない場所で、寸暇をおしんで坐禅をかさね、とうとう臀《しり》の肉がただれくずれるようなことさえあったが、かえってますます坐禅に打ち込んだ。このようなきびしい坐禅に徹し切った人は、中国ひろしといえども如浄以外にはいないであろう。

このように、道元は釈尊から如浄にいたる理想的な修行の在り方を具体的に門弟たちに説き示した。

一日の行持

「仏祖の面目骨髄（神髄）（中略）かならず一日の行持に稟受《ひんじゅ》（仏法を正しく受けること）するなり。しかあれば、一日はおもかるべきなり。いたづらに百歳いけらんは、うらむべき日月なり。かなしむべき形骸なり。たとひ百歳の日月は、声色《しょうしき》の奴婢《ぬび》と馳走（感覚的な享楽の奴隷となること）すとも、そのなか一日の行持を行取（実践すること）せば、一生の百歳を行取するのみにあらず、百歳の他生《たしょう》をも度取《どしゅ》（済度すること）すべきなり。この一日の身命は、たふとぶべき身命なり。たふとぶべき形骸なり。かるがゆゑに、いけらんこと一日ならんは、諸仏の機を会《え》せば、一日を曠劫他生《こうごうたしょう》（無限に長い時間）にもすぐれたりとするなり。このゆへに、いまだ決了《けつりょう》（正しく会得してしまうこと）せざらんときは、一日をいたづらにつかふことなかれ。この一日は、をしむべき重宝なり。（中略）古賢、をしむこと、身命よりもすぎたり。（中略）一生百歳のうちの一日は、ひとたびうしなはん、ふたたびうることなからん。いづれの善巧方便（うまい手段）ありてか、すぎにし一日をふたゝびかへしえたる。（中略）このゆへにしりぬ、古来の仏祖、いたづらに一日の功夫をつひやさざる儀、よのつねに観想（おもいをこらすこと）すべし」

（「行持」巻）

釈尊の正法の神髄は、日々の正しい修行によって受け継ぐことができる。先人たちはそのようにして、悟りの道を開いたのである。われわれは願ってもない釈尊の正法に逢うことができたのであるから、あらゆる名利を断ち切って、身命を顧みることなく、この正法を探究すべきである。日々の修行をおろそかにしてしまうと、たとえ百歳の長寿を全うしたとしても、その一生は空しいものとなり、恨むべき日月となり、悲しむべき形骸となってしまうであろう。

このように、一日の生命は非常に大切なものである。たとえどんな貴重な宝石にも較べられるものではない。それはいったん失ってしまえば、いかに努力しても、永遠に取り戻すことができないのであるから、一日一日を大切に過さなければならない。日々の修行こそ最も大切だからである。それを大切に積み重ねることによって、釈尊の正法の神髄を学び取り、悟りを開くように心がけなければならない。

「しづかにおもふべし、一生いくばくにあらず。（中略）いたづらなる声色《しょうしき》の名利《みょうり》に馳騁《ちへい》（感覚的な名誉や利欲にふりまわされること）することなかれ。馳騁せざれば、仏祖単伝の行持なるべし。すゝむらくは、大隠・小隠（修行者たち）、一箇半箇なりとも、万事万縁をなげすてゝ、行持を仏祖に行持すべし」

（「行持」巻）

一生は決して長くはない。いたずらに名誉や利欲にはとらわれないで、寸暇を惜んで、たとえ極くわずかな修行者だけでも、あらゆる雑縁を投げすてて、釈尊の正法の神髄を学ぶために修行に徹し切らなければならない。道元は「行持」の巻を、このように結んだ。

この「行持」の巻は、修行の最も模範的なあり方を示すために、釈尊をはじめとして、摩訶迦葉《まかかしよう》や、百丈山の懐海《えかい》、趙州《じようしゆう》の従諗《じゆうしん》、大梅山の法常、臨済院の義玄、芙蓉《ふよう》山の道楷など、道元がもっとも模範的な行持と考えるものを取り上げ、最後に本師である如浄の修行についてのべ、純粋な求道《ぐどう》心と坐禅に徹した祖師たちの厳しい修行態度とを称揚した。そして、このようにわれわれは釈尊正伝の真実の仏法にあうことができたのであるから、釈尊の正法の理想を究めるために、出家も在家も、賢者も愚者もみな、名誉心や利欲はもとより、親族や郷里などの恩愛のきずな一切を断ち切り、あらゆる心のわだかまりや雑縁を離れて、身命を顧みることなく、寸陰を惜しんで、この最上の大法を日々探究し、日々の行持を積みかさねることによって、釈尊の正法の神髄を学びとらなければならない、と力説した。

このように「行持」の巻は、禅による人間形成のもっとも模範的な先例を門人に示すために選んだものであり、祖師たちの事績をただ盲目的に羅列しただけのものではない。そこには、禅の真理を探究するため、祖師たちがどのような精進をかさね、どのように釈尊の正法の神髄を体得し受け継いできたかという貴重な体験が、道元の心眼をとおして語られている。したがって、道元の禅における理想像を具体的に示したものであると同時に、最後の祖師である如浄から釈尊の正法の神髄を直接受け継いだ自分こそ釈尊の正法の唯一の体現者であるという、確固たる信念を披瀝したものであった。

このあと道元は、この宇宙全体は『華厳経』の教主である毘盧舎那《びるしやな》仏の世界で、われわれの行動すべては、それに映じたものにほかならないという思想について、道元独自の考え方を明らかにした「海印三昧」や、全世界が光明であることに目覚めなければならないと説いた「光明」などの諸巻を、相ついで著したのである。

ところが、こののち約三ヵ月は著作活動が一切行なわれた形跡がない。その前後の著作活動などからみて、道元の周辺に、なにか変動があったのではなかろうかとも考えられる。ちなみにその間の仁治三（一二四二）年六月には、執権北条泰時がこの世を去り、幕府内外に大きな動揺を与えた。また八月には、興聖寺に近い場所に東福寺が起工されている。それら一連の事件が、道元に影響を及ぼしたのかも知れない。あるいは後述のように、道元が比叡山衆徒の圧迫に対抗して、自分が伝えた仏法こそ国家護持のために最も相応《ふさわ》しい宗教であると主張した『護国正法義』は、このころの述作ではないかとも推測されるが、それを立証する史料はまだ発見されてはいない。

やがて道元は、著述を再開した。修行の基本的な態度を心身両面から説いた「身心学道《しんじんがくどう》」、最上の悟りに達した諸仏の境地を、夢になぞらえて説いた「夢中説夢」、坐禅修行を重ねていくうちに開けてくる釈尊の世界を現実に表現する問題についてのべた「道得」などの諸巻を著わした。

また、六波羅蜜寺の側にあった波多野義重邸に赴いて、生と死の働きの核心についてのべた「全機」の巻を説いた。これは道元と波多野氏との関係を示す最初のものである。この点については、あとで再び触れることになろう。

ついで翌寛元元（一二四三）年には、悟りの究極の境地を月になぞらえて説いた「都機《つき》」、釈尊から正伝された仏法の根源についてのべた「古仏心」、ひろく衆生を救うための四つの手段、すなわち布施の心、愛語の精神、他人を利する法、自分と他人をすべて同じくする道理などについてのべた「菩提薩埵四摂法《ぼだいさつたしせつぽう》」の諸巻を説いた。

いつしか道元は、この深草で十三年目を迎えようとしていた。そしてついに、深草における最後の説法を行なう時がきた。すでに越前に下向することを決意していた道元は、仏法を正しく受け継いで行くため、師弟が一体となって釈尊の正法を探究しなければならないと、教団の結束を促したのである。その「葛藤《かつとう》」の巻のなかで道元は、名利を超越し、純粋な修行に専念した趙州従諗の超脱俗的な禅風を称讃してやまなかった。越前の山中に隠棲し、釈尊正伝の真実の仏法を死守しようと決意していた道元にとって、趙州の厳しい修行はもっとも強力な心の支えになったことであろう。

山のはのほのめくよひの月影に
　光もうすくとぶほたるかな
（『新後拾遺和歌集』雑春歌）

という道元の歌は、自分を宵の月影にとぶ蛍の光にたとえたもので、おそらく深草時代のこのころの心境をよんだものであろう。

このように、深草時代の十三年間には、『弁道話』や『典座教訓』のほか、「現成公按」「礼拝得髄」「嗣書」「仏性」「行持」など、道元の思想体系の重要な作品が多く作られた。とくに後半の数年間には、『正法眼蔵』全体の約半数にちかい四十二巻が著わされており、道元の生涯のうちでも、創造の精神が最も充実していた時期であったといっても決して過言ではなかろう。

懐奘らの集団入門

道元は、新天地を求めて深草に移ってから、教団の充実に心血をそそぐとともに、ますます意欲的な布教活動を続けた。道元教団の躍進ぶりには実に目覚しいものがあった。やがて坐禅を中心とした道元教団の発展は、教団内外に一大センセーションを捲き起こしたのである。その間の事情について、『沙石集』の著者の無住は次のように述べている。

「坐禅ノコト、法華等ノ経ニ処々ニコレアレドモ、人コレヲ事トセズ。口ニ誦シテ身ニ行ゼズ。凡夫ノナラヒ、オロカナリ。（中略）建仁寺ノ本願（栄西）入唐シテ、禅門戒律ノ儀ツタヘラレシコロハ狭床ニテ、事々シキ坐禅ノ儀ナカリケリ。（中略）一向禅院ノ儀ハ、時至ッテ、仏法房ノ上人（道元）深草ニテ大唐ノゴトク、広床ノ坐禅ハジメテ行ズ。ソノトキハ、坐禅メヅラシキ事ニテ、信アル俗等、拝シ貴ガリケリ。其ノ時ノ僧ノカタリ侍リシ」（『雑談集』）

つまり、坐禅のことは『法華経』などにみえているから、知識としては一般に知られていた。しかし、坐禅だけを行なうということは、これまで殆んどなかった。さきごろ栄西が禅宗を伝えたが、これも天台宗や真言宗を兼ねるというもので、とくに坐禅の修行だけをするものではなかった。ところが、道元が深草で新しい大陸風の坐禅をするようになってから、世間の大評判になった、というのである。

その結果、道元を慕って各宗の僧侶や公家・武家などが、つぎつぎに深草の道元教団に集まってきた。そうした動きのなかで最も注目されるのは、孤雲懐奘《えじょう》をはじめとする旧大日派《だいにちは》の人びとの合流である。

この大日派というのは、臨済宗大恵派の系統に属する一派である。派祖にあたる大日能忍《のうにん》は、栄西とほぼ同時代の人で、はじめ天台宗を学んだが、禅宗に興味をいだき、経典や禅書によって禅を独学で習得し、専らこれを布教していた。ところが、正式に禅宗の法を継いでいないと、当時世間から軽視されたため、弟子を大陸に遣わし、大恵の高弟である拙庵《せったん》に自分の悟りの心境を書き送って、その法を継いだという正式証明書をうけたのである。このようなことで、たちまち名声大いにあがり、摂津の三宝寺を中心に一時勢力を張り、法然房の浄土宗などと並んで、一世を風靡するかのような勢いを示していた。

ところが建久五（一一九四）年七月、天台衆徒がこの能忍などの禅宗の台頭をねたんで、朝廷に訴えたため、栄西らとともに、禅宗の布教を禁圧されてしまった。このため大日能忍の一派は、いったん各地に分散の止むなきにいたったのである。その門下の東山覚晏《かくあん》は、門弟の懐奘などとともに、天台宗の有力な拠点である多武峰《とうのみね》（妙楽寺、現在の談山神社）に、また覚晏下の懐鑑《えかん》は、弟子の徹通義介・義演・義準らとともに、「白山天台」教団の拠点である波著寺《はじやく》（福井市東方の成願寺町にあった）に難を避けた。

やがて安貞元（一二二七）年、道元が大陸から帰国し、仏教界の新知識として評判がきわめて高いのを知ると、懐奘はさっそく建仁寺を訪れ、道元に禅問答を申入れた。ところが、道元の禅風に一瞬打たれてしまった懐奘は、評判通り稀有の大禅師であることを認めた。そこで師の覚晏を失ったのを機会に、文暦元（一二三四）年冬、道元の深草教団に身を投じたのである。

ついで、仁治二（一二四一）年春には、越前波著寺の懐鑑も、義介・義演らの門人を伴って、深草教団に集団入門をとげた。ここに旧大日派は、一門をあげて、悉く道元門下に合流してしまったのである。

もちろんそれは、さきに入門していた懐奘の熱心な勧誘があったためであろう。しかし、ただそれだけの理由ではないようにも思われる。というのは、独自の禅風を守り抜こうとしたために、天台教団から弾圧をうけ、京都方面から追放された旧大日派の人びとにとって、既に天台教団によって建仁寺を追われ、深草の里に孤塁を守っていた道元の境遇は、きわめて身近かなものであったにちがいないからである。又、道元は能忍の兄弟子《あにでし》にあたる無際や浙翁などに相次いで参学しているから、その点、大日派の人びとは同門のような親近感をもっていたとも考えられる。そのため、道元門下の中心的な存在になった懐弉の誘いに応じ、門派をあげて、深草の道元教団に合流したのであろう。

　このようにして、道元教団は旧大日派の人びとを迎えて、一挙に勢力を拡大した。しかし、その結果、やがて教団内部に大きな波紋を投げかけることになるのである。

　このような教団の発展により、一層自信を強めた道元が、まず門下の指導を強化しようと、説法と著作とに一段と力を入れたことはいうまでもない。仁治三（一二四二）年、先ず道元は六波羅蜜寺の側にある波多野義重の屋敷まで赴いて、説法を行なっている。ちょうど懐鑑たちが越前波著寺から集団入門した翌年のことである。この波多野氏は波著寺に近い志比庄の地頭であるが、初めて道元と接触するようになったのは、波著寺出身の旧大日派の人々の斡旋によったのではないかと思われる。道元は後年になって、波多野氏の勧誘により越前に下向するが、その萌芽は、すでにこの時に胚胎していたことがわかる。

大日派の法系

大日能忍―東山覚晏┬覚禅懐鑑┬徹通義介
　　　　　　　　　│　　　　├義演
　　　　　　　　　│　　　　└義準
　　　　　　　　　└孤雲懐弉

大恵批判の激化

　さて、このような集団入門の過程で特に見逃がせないのは、入門をとげた旧大日派の人びとに対し、道元がどのように対処していったかということである。その点で注目されるのは、大日派の源流である臨済宗、なかでも大恵派に対する道元の見方が大きく変化したということであろう。

まず、臨済宗の祖である臨済義玄（―八六七）についてみると、深草時代の仁治三（一二四二）年には、道元は、臨済は釈尊から正伝された仏法の神髄をよく伝えており、臨済のような人は抜群の人で、その行状は他の人と比較にならないほど純粋でけがれがない、と賞讃している。ところが、越前に下向した寛元元（一二四三）年になると、臨済は十分には悟り切っていなかったといい、あるいは、「臨済は師匠の黄檗希運《おうばくきうん》よりすぐれていると思っているものがいるが、そのようなことは決してない。臨済は黄檗の門下に参じていたとき、同門の陳睦州《ちんぼくしゅう》に勧められても、黄檗に何を尋ねてよいのかサッパリ判らなかったほどである。黄檗が古来まれな真理の体得者であったのにくらべて、臨済には黄檗ほどの気骨も才智もなく、決して最上の禅のはたらきがある人ではなかった」（「仏性」巻）と臨済の力量を批判しているのである。越前下向を境として、道元の臨済観が一変したことは明瞭であろう。

このような思想の変化は、大恵とその門下に対する道元の評価の仕方に、もっともよく現われている。すなわち、深草に移って間もない寛喜三（一二三一）年には、「中国に仏教に精通した馮済川《ふうさいせん》という高官がいた。かれは公務のため大変忙しい人であったが、寸暇をおしんで坐禅にはげみ、大恵に参じて悟りを開くことができたというので天下に大変評判が高かった」（『弁道話』）とのべている。当時はまだ大恵に対する特別な感情を表わしていないことがわかる。

ところが、深草時代も後半になると、道元の大恵派に対する批判が、にわかに厳しさを加えるようになった。それは丁度、旧大日派の人びとが集団入門してから、以後のことである。たとえば、懐鑑らが深草の道元教団に合流した翌年の仁治三（一二四二）年四月には、「径山で炊事掛の元締をしていた拙庵《せったん》が、あるとき住持にかわって上堂説法をしたことがあった。そのときかれは、必ずしも師について学ばなくても、禅は各自が自由に体得できるものであると説き、修行者たちの生活を一切監督もせず、もっぱら高官の接待ばかりしていた。このように拙庵は、仏法の肝心なことは何もわきまえないで、名誉や利欲ばかり追求していた。今日、本格的な修行をしようという志のない禅人が多いなかでも、かれほど甚だしい人はいない」（「行持」巻）と、拙庵の無道心ぶりを酷評した如浄の言葉を引用している。道元の考えも、これとまったく同様であったからであろう。

特に、拙庵の師である大恵に対する批判には、激烈なものがあった。

寛元二（一二四四）年二月、道元は大恵を評して、「大恵はもと他宗の学徒であったが、禅宗に転じ、まず宣州の理和尚について禅を修めた。しかし、それをよく理解することができなかったので、瑞《ずい》州《しゅう》に赴いて、曹洞宗の洞山道微《とうざんどうび》に参じ、悟ったという証明になる嗣書をもらいたいと願い出た。けれども、修行に未熟な点があるという理由で、嗣書を授与されなかった。そこでこんどは、臨済宗の湛堂のもとに投じ、久しく禅の指導をうけたが、そこでも、ついに嗣書を授かることができなかった。このように大恵という人は、どこまでも禅を徹底的に追究しようとしないで、嗣書ばかりを早く受けようとした。その態度は、まことに道心のない浅はかな修行者というほかはない。思慮のないことは憐れというべきである」（「自証三昧」巻）と、このように大恵の無道心な修行態度と名誉欲をはげしく非難し、大恵のように禅修行に対する根本的な誤りをしないように、門人たちに警告を発している。

さらに、大恵の修行と悟りを批評して、「記録によると、大恵は最後に圜悟克勤《えんごこくごん》（一〇六三―一一三五）に参じて悟りを開いたと書かれているが、悟ったようなところは少しもない。大恵は圜悟門下の唯の門人であるにすぎなかった。もちろん圜悟よりすぐれた点などなく、人徳も才能もはるかに及ばなかった。ただ経文をよく暗誦していて、それを人びとに説いただけである。このように大恵は、釈尊正伝の大法の神髄を本当に理解していなかったことは明らかである。それにもかかわらず、圜悟に学んだあとは、各地の禅知識を尋ねて真実の仏法を明らかにしようという努力もせず、天下の大刹である径山や阿育王山などの住持におさまって、得得として大衆に禅を説いた。その門下に真の禅人がいないのは当然であろう」（「自証三昧」巻）と、これ又、きびしく批判したのである。そして、「いまの中国の人びとは、大恵は立派な禅宗の祖師だと思っているが、大恵の考えはありきたりの常識から脱し切っていない。もちろん釈尊が説いた大法の神髄にも遠く及ばない」（「深信因果」巻）とのべている。

まさに、その激しさには異常なものさえ感じられる。

しかし、このような大恵派に対する道元の考え方は、先師如浄から受けた影響がきわめてつよかったということを忘れてはならない。というのは、如浄に師事するまえ、道元は主として大恵派の禅に参じていたから、如浄は、自分が伝えている仏法の神髄を道元につよく印象づけようとして、大恵派の家風の欠点をきびしく指弾した、と考えられるからである。そのため、世俗化していた大恵派の禅よりも、純粋で復古的な如浄の禅に深く共鳴していた道元は、多少不純なものがあったかも知れない如浄の教団意識を、きわめて純粋な形で受け容れてしまった、と考えられるからである。

ともあれ、道元は、直接参学した恩師の無際や浙翁などについては、さすがに批判をさし控えているが、仁治二（一二四一）年の旧大日派の合流を境として、大恵派、とくに大恵の禅をきびしく批判し始めた。

ところが、おなじ臨済宗でも、『碧岩録《へきがんろく》』の作者で、大恵の師である圜悟や、法流の上で甥にあたる応庵曇華《どんげ》（一一〇三―六三）などに対する評価は、深草と越前の両時代を通じて少しも変ってはいない。道元一流の峻厳な修行の立場からみれば、大恵派以外の臨済宗の人びとについても、批判の対象となる点が多かったはずである。それにもかかわらず、そうした事実はほとんどみられず、非難の対象がもっぱら大恵派だけに限られている。このことは、大恵とその一派が官僚化していたとか、貴族化していたという理由だけによるものではないであろう。それに、高潔無比な人柄で知られる道元の言葉としては、読者には、いかにも不自然のように思われるかも知れない。それでは、果してその真の理由はなになのか。やはり、それにはそれなりの特殊な事情があったと考えるべきではないか。

このようにみてくると、旧大日派の人びとが、道元教団に集団入門してから、大恵派に対する道元の批判が急に厳しさを加えたのは、深草教団内部における指導強化の必要上からではなかろうか。かって旧大日派がその流れをくんでいた中国大恵派の家風の欠点を、きびしく指摘することによって、道元みずからの禅の正統性を強調すると同時に、旧大日派出身の人びとに猛省をもとめ、かれらに大恵派の禅風からの脱皮を促し、これを指導矯正しようという、再教育の意図が強かったからであろうと思われる。高潔無類な道元が、ただ故なくして、大恵やその門下などに、あのような厳しい批判を浴せるはずはないであろう。

また、道元の代表作といわれる『正法眼蔵』であるが、この書名は、かの大恵の著作と全く同じである。

そもそも、中国南宋時代の朋党の乱に際し、張九成にくみしたという理由で、大恵が湖南省の衡陽に流されたことがある。大恵はこの時期に、古来の中国禅僧の言行を集めて六巻の書を作った。これが中国編『正法眼蔵』である。

ところが、それと全く同じ名称を、何故、道元が自分の書名に選んだのか。これは単なる偶然の一致とは考えられないのである。道元にとり、因縁浅からぬ大恵、その書『正法眼蔵』を知らない筈はないからである。

してみると、ことさら道元が意識して同一の書名を用いたことには、何か特別な理由があったと考えられよう。この点について、残念ながら道元は何も触れてはいない。

しかし、これまで述べてきた道元の大恵批判から推測すると、自分が説く『正法眼蔵』こそ、正真正銘の釈尊正法のかなめであって、大恵の『正法眼蔵』は題名が示すような釈尊の正法ではないという、道元の強い自負心の現れであろうと考えられる。

このような道元の大恵批判に関連して、これと考え合わせられるのは、一休（一三九四—一四八一）の言行である。著者は、かつてＮＨＫで「禅とすねもの」と題し、一休について放送したことがあるが、一休の純粋な理想主義は、道元のそれと、大へん共通している点がある。

たとえば、一休は余りにも純粋な性格のため、大徳寺の正統派におさまっていた法兄の養叟《ようそう》と激しく対立した。養叟らが比丘尼や商人・田楽法師・座頭などをむやみに寺に引きいれ、ただ形式的に参禅を行なっただけで、仮名をつけた禅の公案を与え、五日や十日の手間賃をうけて禅修行が未熟なものに嗣書を安売りしていると非難し、「今ヨリ後ハ、養叟ヲバ大胆厚面禅師ト云ベシ」といい、養叟は大徳寺はじまって以来の大悪党の邪師・盗人《ぬすびと》であると、口をきわめて罵倒している。また、禅風の頽廃を病気にたとえ、養叟こそは業病だときめつけている。そのはげしさは道元の大恵批判どころではない。

しかし、このような奇矯《ききょう》さが一休のすべてではない。一休は一方では真摯《しんし》な禅の修行者であったことは勿論、大徳寺の法統を守り、その寺の復興をとげるため、あらゆる努力をおしまなかった。このため、自分の命さえ捧げようとしたほどである。その言行は世をはばからず、ときには露骨となり、常軌を逸しているかにみえる。しかし、それは単なる奇人の悪口雑言ではなく、世の偽善をきびしく諷刺し、つねに権勢にこびず、名利をもとめず、真実に生きようとしたのであって、俗悪な時流に抵抗しようとした孤高の精神は、まことに比類がない。一休は道元とは時代が異ってはいるが、その純粋な理想主義は、道元のそれと一脈相通ずるものがあると考えられる。参学修行に徹した禅師として、共ども敬服に値するものがあるといえよう。

深草の法難

大日派の合流後も、深草の道元教団の発展ぶりは、きわめて順調であるようにみえた。だが、大日派の合流による波紋は、ひとり教団内部の問題だけにとどまらなかった。やがて道元教団が活況を呈し、延暦寺の天台教団などにとって無視できない、大きな存在になったからである。そのために、道元教団に対する天台衆徒などの圧迫が再び激化してきた。

そこで道元は、教団の独立を守るために『護国正法義《ごこくしょうぼうぎ》』を著わし、天台衆徒などの圧迫に対抗して、自分が伝えた釈尊正伝の仏法こそ、国家護持のために最も適わしい宗教である、と訴えた。『護国正法義』そのものは伝わっていないので、その全貌はわからないが、書かれたのは仁治三（一二四二）年から翌年七月越前に下向するまでの間のことである。そのころ後嵯峨天皇の即位によって、東福寺の大檀越《だんおつ》である九条道家にかわって、天皇の伯父で、しかも道元の兄にあたる久我通宗が宮廷内で強力な発言権をもつようになった。道元が『護国正法義』を著わして奏聞したという一件の背後には、そうした政治情勢が関連していたのであろう。

道元の訴えを知って、天台衆徒がそのまま黙っているはずはなかった。かれらはその反論を朝廷に奏上した。そこで朝廷は、これまでの行きがかりから、天台教団側の意向を聞き入れ、その是非について、佐《すけの》法印に判定を下させた。すると案の定、法印は、

「道元が説いている思想は、釈尊の説法をきいて悟る声聞《しようもん》の説どころか、師匠もなくて自分一人で悟るという縁覚《えんがく》（独覚）の解釈である。それは余りにも身勝手な、自己本位の解釈にすぎない。これでは多くの人びとを救おうという大乗仏教の根本理念にそむくばかりでなく、かえって護国の趣旨にも反するものである」（『渓嵐拾葉集』）

と、手きびしい非難を道元にあびせた。そのため、道元教団に対する天台側の圧迫は前よりいっそう激しくなり、かえって道元は窮地に追い込まれてしまった。

そのうえ、ちょうどそのころ深草周辺では、道元がまったく予想もしていなかった新事態が起ころうとしていた。それは円爾《えんに》（聖一国師）の上洛と、東福寺教団の成立である。

円爾は、大陸禅の主流を占めていた臨済宗虎丘《くきゆう》派の巨匠である無準師範《ぶしゆんしばん》（仏鑑禅師、―一二四九）の法を伝えて、仁治二年に帰国した。ついで寛元元（一二四三）年二月、博多から上洛、九条道家が東山に創立した大寺院の東福寺の開山に迎えられて、天台・真言・禅の三宗をこの寺に併置した。しかも、当代権勢並ぶものがなかった藤氏一門の道家・良実父子などの庇護を受けるにいたったのであ

る。

奇しくもここ洛南の地に、伏見稲荷をはさんで、まったく対蹠的な二つの禅道場が併立したわけである。しかし、道家らを介して天台宗や真言宗などと密接な関係をもつ東福寺教団が、藤氏一門の絶大な庇護のもとに台頭してきたことは、純粋な道元流の禅を守ろうとしていた興聖寺教団にとって、きわめて大きな脅威であった。道元がそれに対抗的な感情をもつようになったとしても、無理からぬことである。前節でのべたように、臨済に対する道元の批判が、このころから急につよくなったのは、実はこうした事情があったからではないだろうか。

このまま道元が深草にとどまって布教活動を続けて行くかぎり、天台衆徒はもとより、円爾の教団などからも、陰に陽に圧迫を蒙《こうむ》り、情勢がいっそう悪化することは避けられなかったであろう。そこで道元は、十余年にわたる深草の道場をあとに、新天地を求めて越前の山奥に隠栖しようと、決心するようになった。さきには建仁寺を追われ、今また住みなれた最初の道場である興聖寺を去らなければならない道元の胸中は、いかばかりであったろうか。

それにしても、道元は深草における布教を断念したとき、なぜ未知の遠い越前の山奥に道場を移そうとしたのであろうか。このとき一体、道元は何を考えていたのであろうか。

V　正法禅の確立

越前下向の真相

やがて道元は、釈尊正伝の「真実《まこと》の仏法」の純粋性をまもるため、ついに一大決心をし、寛元元（一二四三）年七月、越前志比庄（福井県吉田郡永平寺町）へ旅立った。ときに道元、四十四歳のことである。

この越前下向については、これまでさまざまな理由が推測されてきた。たとえば、洛南深草の里は京都に近いから、喧騒で禅の修行には適していないという説、国王・大臣に近づかないで深山・幽谷に道場をひらくように、如浄に注意されて帰国したからという説、さらには、如浄は越の出身であるから、それに敬意を表して同名の越前を選んだという説や、志比庄が天童山のある場所によく似ているからという説まである。

しかし、これらの諸説からは、なぜ道元が帰国直後にそれを断行しないで、十七年も建仁寺や深草にとどまっていたのか、その理由が説明できないであろう。したがって、いずれも道元の越前下向の十分な理由とはいえない。

そこで、最勝光院領である志比庄の地頭波多野義重の熱心な勧誘によって、その所領である同庄に赴いたであろうというのが、これまで最も有力な説として認められてきた。

けれども、道元はただそれだけの理由で越前志比庄を選んだのであろうか。

いかに比叡山などの圧迫が激化したとはいえ、釈尊正伝の「真実の仏法」の純粋性を維持することを第一の目標にかかげていた道元が、単なる一地方領主にすぎない波多野氏の招聘だけを唯一の頼りにして、これまでほとんど関係がなかった未知の、しかも、遠い北陸地方の山間にある志比庄に根本道場を移すことを、そう単純に決めてしまったとは思われないからである。それでは道元が深草を去るにあたり、とくにこの地を選んだ真の理由は、果して何であろうか。

そこで、まず考えなければならないのは、道元を迎えた越前地方の情勢、とくにその地方の代表的な宗教勢力である「白山天台」教団と道元との関係である。

中世にいたるまで北陸一帯で圧倒的な勢力を誇っていた「白山天台」というのは、養老元（七一七）年に泰澄上人が開いた白山を中核として、僧坊三千を数えた勝山市の平泉寺（明治維新の廃仏毀釈によって白山神社となった）をはじめ、丸岡町の豊原寺（廃寺）、波著《なみつき》観音で知られた波著寺（廃寺、福井市成願寺町）などの天台宗の大寺院を本拠にして、北は東北から南は九州にいたるまで、日本全国にわたって巨大な教線をもっていた。ところが、中世になると、これら白山天台も積弊はなはだしく、その内部からこれを革新しようとする動きが芽生えてきた。波著寺の人びとが能忍などの大日派に参じたのは、その一例である。

やがて、これら波著寺出身の人びとは、大日派の中心である大日能忍、ついで覚晏を失うや、相ついで深草の道元教団に合流した。ここにはじめて、道元と白山天台との間に新たな関係が生じたのである。

しかも、これら波著寺出身の人びとのなかには、越前などの北陸出身者が多かった。してみると、道元の越前下向には、波多野氏のほかに、これら波著寺出身の人びとのつよい勧誘があずかって力があったのではなかろうか。道元の越前下向が、これらの人びとの集団入門から丁度三年目にあたっていることも、このような事情を裏付けているように思われる。

しかし、比叡山の天台教学に批判的であった道元が、比叡山などの天台衆徒によって建仁寺や深草から追われたのは当然としても、おなじ天台宗に属する白山天台の平泉寺・豊原寺・波著寺など白山天台の本拠地の真只中にある志比庄に入居したということは、いかにも不思議に思われるであろう。とすれば、そこには何か特別な事情があったと考えるべきではなかろうか。

そこで注目されるのは、道元が新たに進出した越前志比庄は、白山天台の本拠の中心にあったという点である。したがって、道元がよった志比庄の吉峰寺や大仏寺などは、もともと白山天台と関係があったと考えてよいであろう。

しかも、すでにこの時代になると、おなじ天台宗とはいえ、白山天台と延暦寺との間には明らかに思想上などの対立があり、白山天台は独自の道をすすんでいた。延暦寺の天台衆徒に追われ続けた道元が、志比庄に入居したのは、十分に理由のあることであった。

一方、道元自身波著寺出身の白山天台系の人びとを指導教化した経験から、越前の白山天台教団にも十分受け入れられるという自信があったのであろう。そして、指導如何によっては、白山天台の人びとを教化できるという、きわめて積極的な意気込みをもって、白山天台の真只中にある志比庄にのぞんだのではなかろうか。道元以後、その門流は白山天台の巨大な教線に沿って全国的な大教団に発展して行くが、すでに道元はそのような将来における可能性まで見通していたように思われる。

さらに、道元が釈尊正伝の「真実《まこと》の仏法」を主唱する一方、天台宗の根本経典である『法華経』をきわめて重視したことも、かれが白山天台に受けいれられ易かった理由の一つであろう。

道元は、釈尊正伝の「真実の仏法」の本来の趣旨は『法華経』のなかに最も正しく説かれているとして、次のように説いた。

「釈尊所説の諸経のなかには、法華経これ大王なり、大師なり。余経・余法は、みなこれ法華経の臣民なり、眷属なり。法華経中の所説、これまことなり。余経中の所説、みな方便を帯せり。ほとけの本意にあらず」

（「帰依仏法僧宝」巻）

すなわち『法華経』は釈尊が説いた諸経中の大王・大師であって、その他の経典はみなその家臣・従者にすぎない。『法華経』に説かれていることだけが真実で、他の経典の説は、みな方便にすぎず、決して釈尊の真意を伝えてはいない。だから『法華経』こそは、諸経の根本で、最上最尊の経典である。

「いまの此経典にむ《(生)》まれあふ。見《けん》釈迦牟尼仏をよろこばざらんや。生値（生きて会えること）釈迦牟尼仏なり。身心をはげまして受持・読誦・正憶念・修習・書写。是法華経者、則見釈迦牟尼仏なるべし」

（「見仏」巻）

つまり、今日われわれが『法華経』をみることができるのは、生きながら釈尊に会えるのと同じで、まことに喜ばしい限りである。だから、精進して『法華経』を読み、正しく学び書写するなど、あらゆる修行方法を通じて、その根本精神を学び取るように努力しなければならない。と道元はこのようにのべているほか、『正法眼蔵』のなかにも、『法華経』を五十数回にわたって引用している。いかに道元が『法華経』を高く評価していたかがわかるであろう。

このように、道元が『法華経』を特別に重視したのは、『法華経』こそ真実で、他の経典はその方便にすぎないという天台宗の根本思想をそのまま受け継いでいることを示している。このことは、道元の新宗教が白山天台に好意的に迎え入れられたことと無関係ではないであろう。さらにまた、道元はかれ一流の正法禅の思想と『法華経』の精神とを結び付けることによって、あらたな新宗教を生み出したとみることができよう。

以上のことから、道元の越前下向には、波多野義重の庇護と、波著寺出身の門人たちによる積極的な働きかけのほか、比叡山などから追われた道元がかえって歓迎されるような諸条件が、志比庄を中心に揃っていたことがわかるであろう。

では道元はその後、どのように布教活動をすすめたのであろうか。そしてその間に、道元の宗教思想はどのような発展を遂げていったのであろうか。

山奥の説法

懐弉らをともなって、道元が越前志比庄に着いたのは、寛元元（一二四三）年七月も半ばすぎのことである。

新天地を得て心機一転、新宗教の宣揚に意欲を燃やしていた道元は、まだ旅の疲れも十分に癒えない閏七月一日、平泉寺に近い山奥の禅師峰《やましぶ》（大野市大月町禅師峰寺）で、「三界唯心《さんがいゆいしん》」の巻を説いた。越前における道元の第一声である。

そのなかで道元は、「三界唯一心、心外ニ別法ナシ、心ト仏ト及ビ衆生ト、是ノ三ハ差別ナシ」という『華厳経』の一句を引用し、生々流転するこの世界は、みな一つの心の現われで、もともと心のほかには何物もない、心と仏と衆生の間には、なにも差別はない。

「十方尽界（世界全体）にあらゆる過現当来（過去・現在・未来の三世）の諸衆生は、十方尽界の過現当の諸如來なり。諸仏の吾子は衆生なり。衆生の慈父は諸仏なり」

衆生はみな釈尊の子であるという、広大無辺な釈尊の法を説いた。その言葉のはしには、越前

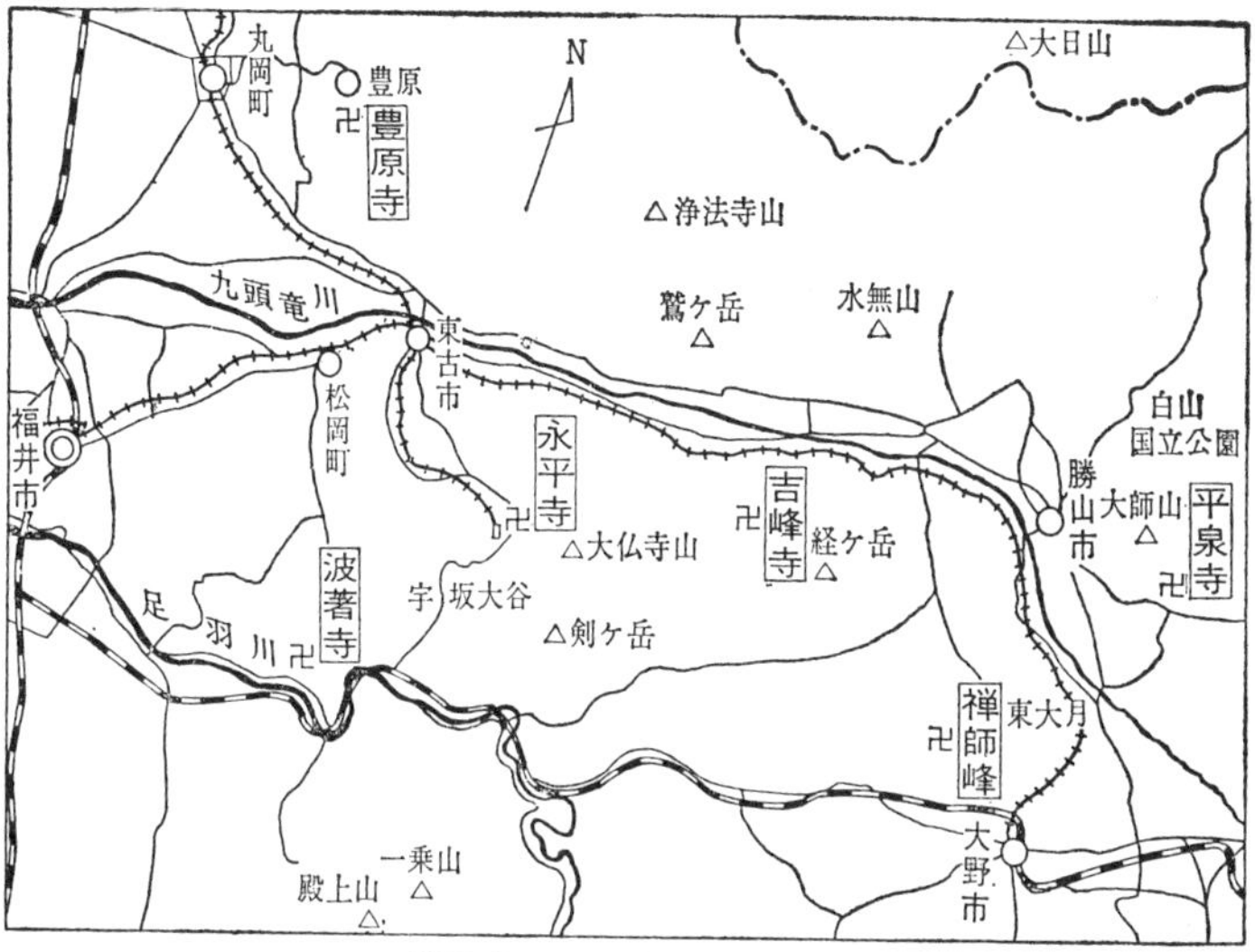

道元ゆかりの寺と白山天台

入居は決して多くの衆生を自分が捨てたわけではない。その反対に、釈尊の真実の仏法を世の人びとにひろく伝えるため、絶好の環境として、この地を選んだのだという、道元の気持がよく現われていると思う。おそらく道元はこのとき、自分の弟子たちばかりでなく、これまで法悦と真理を忘れていた白山天台の衆徒たちに対しても、有難い釈尊の真理を教え込もうと、考えていたのであろう。

やがて、吉峰寺（福井県吉田郡永平寺町吉峰）に移り、ここを第二の道場とした。道元はここを古精舎《しょうじゃ》とか、古寺と呼んでいるから、さきの禅師峰の道場と同様、それ以前は平泉寺などと関係がある白山天台系の古代仏教寺院ではなかったかと思われる。

こうして越前の峰々は、秋に色づき、やがて

説法年代	場所	正法眼蔵の巻名
寛元元（一二四三）年	禅師峰 吉峰寺	三界唯心・見仏・徧参・眼睛・家常・竜吟 仏道・密語・諸法実相・無常説法・洗面・面授・法性・梅華・十方・坐禅儀・説心説性・陀羅尼
寛元二（一二四四）年	吉峰寺 山奥某所	大悟・優曇華・発無上心・発菩提心・如来全身 三昧王三昧・三十七品菩提分法・転法輪・自証三昧 大修行 祖師西来意・春秋

しかし道元は、寛元元年七月から翌二年三月までの九ヵ月間、禅師峰と吉峰寺の間を往来しながら、厳しい冬を迎え、そして春の訪れを待った。

右の表が示すように、きわめて多彩な説法を精力的に続けたのである。

このように越前の山奥で意欲的な説法を再開した道元は、自ら進んで極めて厳しい修行を求めていたとはいえ、初めて接した深雪数尺を越える北陸山間の酷寒は、やはり身を切る想像以上のものがあったであろう。こうした苦難にみちた山奥の修行生活、それも一年足らずの間に、「仏道」「諸法実相」「洗面」「自証三昧」など、『正法眼蔵』全巻の三分の一にあたる三十一巻がつぎつぎに発表されたという。まことに驚異というほかはない。この正法宣揚に命をかけた道元の気魄が、じかに伝わってくるように思われる。

それにもまして見逃すことができないのは、その間に道元の思想がきわめて自由に発揚され、いっそう純化されたということである。たとえば、「禅宗」や「曹洞宗」という宗名の否定、禅宗諸派に対する忌憚のない批判、仏教・儒教・道教の三教一致思想の否定、さらには、出家主義の提唱など、道元の宗教の正統性をとくに強調したものが多く、道元の思想の特徴がきわめて鮮明に現われている。以下、それら道元の発言の主なものを追ってみよう。

寛元元（一二四三）年道元は、吉峰寺で門下に集まった修行者たちを前にして、

「仏道は、初発心《ほっしん》（はじめてさとりを求める心を起こすこと）のときも仏道なり。成正覚《じょうしょうがく》（完全にさとること）のときも仏道なり。初中後、ともに仏道なり。たとへば、万里をゆくもの、、一歩も千里のうちなり。千歩も千里のうちなり。初一歩と千歩とことなれども、千里のおなじきがごとし」

（「説心説性」巻）

と述べ、仏道の修行は、さとりを求めてはじめて発心したときも、悟りを開いたあとも、またその中途においても、みな仏道に変りはないのである。それはちょうど千里の道を行くのに、最初の第一歩も最後の一歩も、その価値には変りがないのと同じようなものであると、仏道修行の心構えの大切さを、このように説いたのである。

ついで、その年の九月、「仏道」について、

「あきらかにしるべし。仏祖正伝の大道を禅宗と称すべからずといふこと、臨済宗と称すべから

ずといふことを。さらに禅宗と称すること、ゆめ〳〵あるべからず」

「この道理を参学せざるともがら、みだりにあやまりていはく、仏祖正伝の正法眼蔵涅槃妙心（釈尊の正法によるさとりの心）、みだりにこれを禅宗と称す。祖師を禅祖と称す。学者を禅子と号す。あるいは禅和子《なす》と称し、或、禅家流の自称あり。これみな僻見（邪しまな考え）を根本とせる枝葉なり。西天東地（インドと中国）、従古至今（昔から今日まで）、いまだ禅宗の称あらざるを、みだりに自称するは、仏道を破る魔なり」（「仏道」巻）

では、道元はなぜ、自分が伝えた宗教を禅宗とよぶことを、このように嫌ったのであろうか。それは、道元が如浄から直接伝授されたのは、釈尊正伝の仏法の神髄で、これこそ仏法の真の生命であって、それ以外のものは仏教の神髄を正しく伝えたものではないという、確固たる信念にもとづいていたからである。

そこで道元は、「自分が伝えた釈尊正伝の真実の仏法のことを、仏教の一宗派にすぎない真言宗・天台宗などの宗名と同列に、禅宗と呼ぶのは誤りである。その証拠には、釈尊の時代には禅宗という名称などまったくなかったし、それから後も禅宗という称号を使った祖師は一人もいない。このように、釈尊正伝の大法のことを禅宗などというのは、悪魔のいうことで、釈尊の正法を受け継いだもののいうべきことではない」と説いたのである。

道元は、さらにつづけて、

「大宋の近代天下の庸流（修行の未熟な人びと）、この妄称禅宗の名をきゝて、俗徒おほく禅宗と称し、達磨宗と称し、仏心宗と称する妄称、きほひ風聞して仏道をみだらんとす。これは、仏祖の大道かっていまだしらず、正法眼蔵（釈尊が説いた正法）ありとだにも見聞せず、信受（教えを信奉すること）せざるともがらの乱道（みだりに言うこと）なり。（中略）あきらかにしるべし。禅宗と称するは、あやまりのはなはだしきなり。（中略）かって禅宗と称せずと一定すべきなり。しかあるに、近代の庸流おろかにして、古風をしらず。先仏の伝受なきやから、あやまりていはく、仏法のなかに五宗の門風ありといふ。これ自然の衰微なり」

（「仏道」巻）

「五宗（大陸禅の五派。雲門宗・法眼宗・潙仰宗・臨済宗・曹洞宗）を立して、各々の宗旨ありと称するは、誑二惑世間人一のともがら、少聞薄解（教えを聞くことが少なく、理解の仕方が浅いこと）のたぐひなり」

（「仏道」巻）

といい、さらに続けて次のように説いている。近代の大陸では、古風を知らないで、禅宗の五家《ごけ》・五宗といって、雲門・法眼《ほうげん》・潙仰《いぎょう》・臨済・曹洞の五宗にわけ、それぞれに宗風の違いがあるという考えをする愚か者がいる。これは、仏教が盛んであった時代にはなかったことで、そのような考えをしていると、真の仏法は自然に亡びてしまうであろう。このような区別は、世間の人々を惑わす浅はかな考えの人が言うことにすぎない。もし仏道がそれぞれ勝手な道を立てていたならば、もうとうに滅びてしまい、今日まで続いているはずがないであろう。五宗にそれぞれ区別があるという見解は、雲門や臨済などの祖師が自分でいったことではない。ただ後世の愚かな人たちが、十分な見識もないのに、勝手にそのように分けて称するようになったのである。

自分も如浄和尚に会うまでは、五宗の教えを研究しようと、臨済宗大恵派などに参じた。しかし、ひとたび如浄に出会ってからは、宗派をわけて考えるのは誤りであることがよくわかった。考えてみれば、仏教が盛んであったころには、五宗などという名称はなかった。かえって仏教が衰えてから、そういう名称がむやみに使われるようになった。それは修行者が真剣に修行をやらなくなったためである。本式に坐禅修行をしようと思うならば、五宗の称号を用いたり、各宗の禅風の違いなどを言ってはならない。

まして、古来の祖師たちが修行者を導くために設けた、臨済の三玄・三要（仏教の教説を三種にわけて説いたもの）四料簡（料簡は了見のこと。自己と客観の否定・肯定を組合わせて、そのときに最も適した方法で修行者を教え導くというもの）、雲門文偃（八六四—九四九）が用いた三句、洞山良价（八〇七—八六七）の三路・五位、浮山法遠《おん》（九九一—一〇六七）の九帯、汾陽善昭の十同真智などの教説について、如浄も日頃、これは釈尊の本当の精神を学んではいないのだと一笑に付しておられたが、このような方便に惑わされて仏法の本質を見誤ってはならない。このように、道元は五宗の称号を使ったり、五宗の宗風を区別したりすることを非難した。

勿論、釈尊の正法を継いだといっても、祖師たちの個性により、それぞれ独自の家風ができるのは当然である。つまり道元はそのことをいっているのではないのである。道元の本意は、各宗派がそれぞれ独自性を主張しすぎて枝葉末節にばかりとらわれ、そのために、かえって仏法の大道を見失っていることを戒めたのである。

道元が、曹洞宗という名称を否定したのは当然であろう。

「大師（洞山良价）かって曹洞宗と称すべしと示衆する拳頭（修行者を教育する手段を用いること）なし。（中略）また門人のなかに庸流まじはらざれば、洞山《とうざん》宗と称する門人なし。いはんや曹洞宗といはんや。（中略）はかりしりぬ、この曹洞の称は、傍輩（仲間）の臭皮袋（悪い修行者をののしっていう言葉）、おのれに斉肩（ひとしく肩をならべること）ならんとて、曹洞宗の称を称するなり。まことに白日（真昼）あきらかなれども、浮雲をしもおほふがごとし。（中略）ただ人にわらはるゝのみにあらざらん。諸仏のために制禁せられん。また自己のためにわらはれん。つゝしんで宗称することなかれ。仏法に五家ありといふことなかれ」（「仏道」巻）

このように枝葉末節にとらわれることを嫌った道元が、禅の入門書である『人天眼目《にんでんげんもく》』を真向から否定したのも、当然のことであった。というのは、『人天眼目』三巻は、南宋の晦岩《まいがん》が臨済の四料簡や洞山の五位などの教説七十種あまりを収集網羅し、禅宗の五家の宗風の違いを詳しく解説したものだからである。道元はこれに対して、「人天《にんでん》眼目にあらず、人天の眼目をくらますものなり」といい、これは決して釈尊の正法の神髄を正しく伝えたものではない。かえって人々の眼目をくらますものである。「これは狂乱なり。愚暗なり。参学眼なし。行脚眼なし。いはんや見仏祖眼なし。もちゐるべからず」と、口をきわめて非難している。この『人天眼目』は、当時の大陸禅で最もよく読まれていた書物であっただけに、純粋で高邁な道元の識見を高く評価すべきであろう。

さらに寛元元（一二四三）年九月、道元は「諸法実相」の巻を説いた。諸法実相というのは『法華経』にある言葉で、あらゆる存在がそのまま真実のすがたを表わしているという天台宗の根本思想であるが、道元は仏教の究極である悟りの体験をふまえて、とくに実践的な意味があることを強調しようとした。そのなかで、わが国でも当時一般に流布していた儒・仏・道の三教一致思想をきびしく批判している。

「近来、大宋国杜撰《ずさん》（いいかげんな修行者）のともがら（中略）老子・荘子の言句を学す。これをもて、仏祖の大道に一斉なりといふ。また、三教は一致なるべしといふ。あるいは、三教は鼎《かなえ》の三脚のごとし。ひとつもなければ、くつがえるべしといふ。愚癡（ものわかりが悪いこと）のはなはだしき、たとひをとるに物あらず。かくのごときのことばあるともがらも、仏法をきけりとゆるすべからず。（中略）三教一致のことば、小児子の言音におよばず、壊仏法のともがらなり」

（「諸法実相」巻）

といい、三教一致の思想はまったく馬鹿げた考え方で、それは小児が発する言葉にさえ及ばないばかりでなく、仏法を破壊するものの言うことであるから、「耳を掩て三教一致の言をきくことなかれ。

邪説中最邪説なり」（「四禅比丘」巻）とまで極めつけている。道元がいかに宗教の純粋性を尊び、安易な妥協を嫌っていたか、そして又、いかにその時代に先んじていたかがわかる文章である。

出家のすすめ

しかし、なんといっても越前時代を通じて最も注目されるのは、道元の出家主義の傾向がいっそう強まったことである。

さきにも述べたように、道元は帰国して間もない頃、『普勧坐禅儀』を著わした。それには特に普勧の二字が冠せられている。これによっても、そのころ道元は出家修行者だけでなく、一般大衆への布教を積極的に考えていたことがわかる。

ついで、深草時代の『弁道話』によると、坐禅修行は在家の男女もつとめることができるか、それとも出家だけが修めるものなのかとの問いに答えて、仏法を理解するには、貴族とか大衆とか、男とか女とかの差別はない、在家の人も平等に修行ができると、はっきり在家仏教を認めた。そのころ道元は、自分が伝えた釈尊正伝の真実の仏法を大いに宣揚することによって衆生を救済しようという、「弘法救生」の信念に燃えていたからである。

さらに、出家は昼夜何時でも自由に修行できるが、職業にたずさわっている大衆は、修行のための余暇を容易に見付けられない。その場合、どうしたならば修行に専念して、悟りを開くことができるであろうか。この問いに対し、根本仏教から説き起こして、次のように答えている。

釈尊は一切の衆生のために、広大な慈悲の法門を開かれたが、それはすべての人びとに悟りを開かせるためであった。古今の例をみても、そのことはよくわかる。たとえば、唐の代宗（七六二―七七九）や順宗（八〇五）は、帝位に即いていたので、政務に忙しい身であったが、坐禅修行をかさねて、悟りを開いた人びとであった。また、唐の政府高官であった李翺《りこう》なども、政務のかたわら坐禅修行をつんで悟りを開くことができた。悟れるかどうかは、その人の志いかんによって決まるのであって、出家とか在家とかいう境遇や身分の違いには、関係がない。今日の中国をみても、国王・大臣以下一般の男女にいたるまで、みな参禅を志しているから、悟りを開くものが多い。

このように、世の務めは禅修行のさまたげになるものでは決してない。問題は、その人に志があるかどうかである。もちろん、出家とか在家という身分の相違によるのではない。世間一般の仕事がみな修行のさまたげになるなどと思って、世を捨てて出家しなければ仏道には入れないと考えているのは、間違いである。修行である以上、世間一般の俗念を離れなければならないのは勿論であるが、ただ俗界を離れて、山林に行ないすますだけが、仏法だと思っているのも、誤りである。坐禅修行は世間から隔絶した僧堂で行なわれているから、一見脱俗的のようにみえる。しかし、真の仏法は日常生活の行住坐臥のなかで悟り、自分のものにするものでなければならない。ただ僧堂だけで終るならば、それは、世間のうち、どこにでも仏法があるわけではないという解釈になる。それは、一切が仏法であって、ここからここまでが世間の仕事だという区ぎりがないことを、知らないからである。

道元はこのように説き、正しい修行をすれば、貴賤男女の差別も、出家と在家の区別もなく、たとえ罪あるものでさえ、同じように誰でも悟りを開くことができると断言し、在家成仏や女人成仏を是認した。まさしく、大衆のために普遍的宗教を説こうとしていたことは明らかである。

当時の道元は、釈尊正伝の真実の仏法を大いにひろめて大衆を救済し、門派の勢力を拡大しようと努めていたからであろう。

ところが、深草時代も後半になると、道元の考えに変化が現われるようになった。比叡山衆徒の圧迫、円爾《えんに》（一二〇二―八〇）による東福寺禅教団の成立などにともない、道元は教団内の指導統制をいっそう厳重にする必要が生じた。大恵派などの臨済禅に対しても、痛烈な批判を加えたのである。さらに、『護国正法義』を著わし、釈尊正伝の仏法こそ国家護持のためには、最もふさわしい宗教であることを強調し、その正統性を一段とつよく主張した。そしてついに、越前に下向する頃から、出家主義を標榜するようになったのである。

読者は、道元の思想がこの時期に根本的に変ってしまったと思うかも知れない。しかし、この場合、道元が説法した対象と、その目的がそれまでとは違っていたことを考えねばならない。というのは、深草時代の門下には在家信者が数多く加わっていたが、越前下向の頃になると、もはや安易な妥協など一切許されない純粋な修行者だけによる出家本位の同志的結合が生じたからである。道元の説法も、選ばれたこの出家者だけが主たる対象とされるようになったのである。そこでは当然、「参学の真流」

である門人たちを禅修行の専門家として養成することが、最優先された。選ばれた出家者だけからなる門人たちに対し、誰はばかることなく、道元は自分の理想をそのまま推進することができた。あくまでも釈尊の出家道を理想とする道元にとっては、たとえ一歩でもそれに近づけようと、門下の出家たちに、釈尊の出家中心の思想を強調するようになったのは当然のことであろう。

そこには、出家道を逸脱していた白山天台などの旧仏教徒たちに対する批判が、こめられていたであろう。さらに又、おなじ天台宗の出身とはいえ、専修念仏を首唱した法然とその門下の浄土宗や、さらに徹底した在家成仏を説いた親鸞の浄土真宗の教説などとは、まったく対照的な立場をとっていたことがわかる。道元はそのことについて一言も触れてはいないが、しかし京都を中心に法然や親鸞の専修念仏が澎湃として隆盛になってきた時期であったことからみても、道元がそのことを意識していたことと考えてよいであろう。

寛元二（一二四四）年二月、純粋に仏法に帰依するならば、釈尊と同じように出家するのが当然であると、道元は次のように説いたのである。

「いまだ出家せざるものの、仏法の正業《しょうごう》（正しい行ない）を嗣続（継ぐこと）せることあらず、仏法の大道を正伝せることあらず。在家、わづかに近事男女の学道といへども、達道（仏道の奥義に達すること）の先蹤（先例）なし。達道のとき、かならず出家するなり。出家に不堪（堪えられない）ならんともがら、いかでか仏位を嗣続せん。しかあるに、二三百年来のあひだ、大宋国に禅宗僧と称するともがら、おほくいはく、在家の学道と出家の学道と、これ一等（等しいこと）なりといふ。これ、たゞ在家人の屎尿《しにょう》を飲食《おんじき》とせんがために、狗子《くす》（犬畜生）となれる類族なり」（「三十七品菩提分法」巻）

要するに、出家しないで釈尊の修行や悟りへの道を正しく受け継いだものは、これまで一人もいないし、釈尊の正法を正しく伝えたためしもない。どんな男女も、一般在家のまま修行して、仏道の奥義に達したという先例はない。正しい悟りを開いたのは、みな出家した人ばかりである。出家しないで、どうして釈尊の正法を受け継ぐことができようか。ところが、この二、三百年このかた中国の禅僧たちの多くは、在家の修行も出家の修行も、同じであるといっている。これは、在家から食物を受けているため、みずからへつらって犬畜生になっているからである、とこのように激しい調子で、説いているのである。

また、もし維摩《ゆいま》居士が出家していたならば、もっと優れた維摩比丘になっていたに違いない。維摩居士が仏法の光明や功徳がよくわからない点があるのは、出家しなかったためである。出家していたなら、必ず仏法の報いはもっとあったはずである。

ところが、唐や宋の禅僧たちは、このことがよくわからなかったので、維摩居士は修行によって仏法を身につけ、それを十分に言い表わしたと褒めている。けれども、それはかれらが仏法に暗かったからである。そればかりか、かれらの中には維摩居士と釈尊の仏道とが同等のものであると思い、人にもそう説いている人が多い。それは仏法の真の姿を知らないためで、学道の力量も足りないものといわなければならない。

さらに続けて、釈尊以来、出家の心と在家の心は同じだなどと、正式には一度も説かれたことはない。出家したものは、たとえ破戒・無戒の僧でも、悟りを開くことができたが、それとは反対に、在家の人は、たとえ善行をつんだ者でも、悟りを開いたというためしはない。それは在家が本当に仏道を修行する場でないからである。たしかに、仏教の諸説のなかには、在家成仏や女人成仏などの説もあるが、それらは釈尊の教えの正伝ではないのである。釈尊から正伝された真の仏法は、出家成仏である。その証拠には、釈尊の仏法を正伝した祖師で、出家受戒をしないものは一人もなかったといえよう。

だから、衆生は誰でも出家して受戒をすべきである。その後の修行がよくできるかどうかなどは考える必要がない。出家の道そのものが釈尊正伝の大法なのであり、人に生まれたお蔭で、この巡り逢いがたい仏法に出会うことができたのであるから、思い切って諸縁を投げすて、一刻も早く出家の道に入って修行をすべきである、とこのように道元は情熱をこめて、出家の道を説いたのである。

道元は出家と在家を隔然とわけ、信仰をもつということは出家への道に入ることであり、純粋に仏法に帰依するならば当然出家すべきだとした。そこには、いささかも妥協を許さない厳しさがあった。こうして、すべて釈尊と同じようにありたいという熱烈な理想主義のもとに、きびしい修行に打ち込んだのである。それが最高潮に達し、永平寺の建立へと発展したのである。

永平寺の建立

越前に下向して一年、道元は意欲的な説法を続けていた。やがて山奥の吉峰寺などが手狭になったからであろう、寛元二（一二四四）年、門人たちとともに志比庄の大仏寺に移った。それが後の吉祥山永平寺である。ようやく理想的な境地に本格的な禅道場を開くことができた喜びには、また格別なものがあったに違いない。

＊永平寺に守護神として白山社が祀られていることなどから、大仏寺は禅師峰や吉峰寺と同様、もと白山天台系の古刹であったと推定される。

新道場も順調に整ったので、寛元三（一二四五）年三月春、道元は再び説法を開始した。そして、こんどこそすべての点で理想的な修行生活を実現させたいと考えた。道元はそこで、修行者はつねに根本仏教の原点に立ちかえって修行するという心がけが大切であり、日常使う袈裟や食器類なども、すべて釈尊正伝の真の仏法のいのちであると考えなければならない、と力説した。（「鉢盂」巻）

ついで四月に入ると、九十日間完全に外出を禁じて本格的な修行にはげむ安居《あんご》（インド伝来の修行法で、結制《けっせい》・江湖《ごうこ》ともいわれる）をはじめて開いた。そして「安居」の巻を説き、その心得や行法を詳しくのべ、安居こそは釈尊から守り続けられてきた禅修行の根本である、と述べたのである。かつて天童山の安居で得た貴重な体験を生かそうと考えたのであろう。さらに、修行生活の基本を確立させるために『弁道法』を著わし、起床・洗面から朝・午後・夜・夜明けの一日四回の坐禅など、修行上の作法を詳細に解説した。

こうして、大仏寺の伽藍整備などに追われながら、道元は次々に修行体制を確立していった。そしてついに、長年の夢であった理想の道場に最後の仕上げをする時が来た。

寛元四（一二四六）年、大仏寺を永平寺と改名したのである。このことについては道元自身なにも語ってはいないが、この寺の五世義雲が鋳造した古鐘の銘文によると、仏教が初めて中国大陸に伝来した後漢の「永平十一年」から採ったものであることがわかる。おそらく永平の二字を特に選んだのは、道元が伝えた「真実《まこと》の仏法」がこれから日本で大いに栄えるであろうということを、天下に表明しようとしたからであろう。釈尊の正法をはじめて伝えた道元こそ、日本仏教の真の創始者であるという確固たる自負にもとづいていたことがわかる。

いよいよ意気旺んな道元は、この年の六月、新しい寺の運営方針を一層明確に打ち出すため、『知《ち》事清規《じしんぎ》』一巻を著わした。それは永平寺の出発に相応《ふさわ》しい力のこもったもので、寺全体の事務を総括する監院《かんいん》、修行僧の監督取締りにあたる維那《いの》、修行僧の食事一切をつかさどる典座《てんぞ》、作業を取締る直《しっ》歳《すい》の四知事など、禅寺の経営全般にわたる主要な役職の意義やその内容をくわしく説明したものであった。

幾多の苦難を乗り越え、いまや理想の新道場建設を為し遂げた道元の胸中は、まことに爽快のきわみであったにちがいない。これを契機に、一段と厳しい修行に打ち込み、せめて少数の同志だけにでも、純粋な正法を伝えようと、かたく心に誓ったのであった。そこには、安易な妥協など入る余地が全くない、きわめて純粋な修行者たちだけの同志的結合が生まれた。そのため、道元の思想は一層純粋なものに徹し、修行生活も、ますます厳しさを加えていった。

道元が、それまで使っていた「仏法房道元」という名を改め、自ら「希玄《きげん》」と改名したのは、ちょうどその頃のことである。

この希玄という名については、これまで学者の間で諸説まちまちであった。たとえば、希玄は道元の別名であるという説、あるいは、希玄は道号（字《あざな》）で、道元は諱《いみな》であるから、希玄道元とよぶべきであるという説、さらには、はじめは希玄といい、のちに道元と改めたという大久保道舟説などがある。

しかし、確実な伝記史料だけによると、希玄という名は、永平寺と改めた以前にはなく、それ以後にだけみえているのである。

希玄という僧名がみえるのは、大仏寺を永平寺と改称してから間もない寛元四（一二四六）年八月に説いた『示庫院文《じくいんぶん》』が最初である。それには、「道元示」という奥書の次の行に、「開闢永平寺希玄」とみえている。したがって、希玄とある一行は後に書き加えたという可能性がある。しかし、その二年後の宝治二年十二月に著わした『庫院《くいん》規式』には、明らかに「永平寺沙門希玄」と記されている。ついで翌建長元（一二四九）年正月に書かれた『羅漢現瑞記』に「沙門希玄」とみえ、同年八月の道元画像（宝慶寺所蔵）にも、「永平寺開闢沙門希玄自賛」という賛が加えられている。そのほか、懐弉筆とみられる『永平寺三箇霊瑞記』などにも、道元のことが「希玄」と書かれている。

一方、寛元四年六月の『知事清規』を最後として、道元という署名のある確実な史料はまったくみられない。したがって、道元は大仏寺を永平寺と改称した直後、仏法房道元という出家以来の僧名から、新道場にふさわしい「希玄」という禅僧名に自ら改め、心機一転しようとしたことがわかる。

しかも、この場合とくに注目されるのは、栄西の場合における明庵《みようあん》などのように、当時の禅僧たちが一般に使っていた道号（字《あざな》）を、道元は使っていないことである。そもそも道号が出来たのは宋の時代からで、唐時代の禅風につよく惹かれていた道元は、貴族化した敬称である道号がまだ発生していなかった唐朝禅の古風に倣おうとしたのであろう。まして、何事に対してもきわめて純粋な考え方をする道元が、たとえ師と仰いだ栄西であっても、天台僧の葉上房と禅僧の明庵という二重構造をもった栄西の態度にあきたらなかったのは当然である。

このような道元の態度は、一面奇しくも親鸞や日蓮と共通している。浄土真宗をひらいた親鸞は、天台僧時代の善信房綽空《しやくくう》から親鸞と僧名を改めている。また、日蓮宗をひらいた日蓮も、天台僧時代の是聖《ぜしよう》房蓮長から日蓮と改名したのである。このように、親鸞・道元・日蓮が新宗教を開くにあたって、いずれも改名したということは、鎌倉新仏教の開祖としての自覚を示すものとして、大変興味深い。それと同時に、そこには法然や栄西との間に明らかな一線が画されていたことも確かである。

このように、道元は大仏寺を永平寺と改め、ついで僧名を自ら希玄と改めるとともに、新道場における修行生活の基礎固めをいそいだ。先に述べた『知事清規』をはじめ、寛元四年八月には、修行者たちの食生活における礼節を明らかにするため、『示庫院文《じくいん》』を説いた。そこでは、禅寺の食事一切をまかなう庫院《くいん》（台所）の作法は厳粛でなければならないとして、材料である米穀・野菜などの取扱いを丁重にすべきことまで懇切に説いて、これこそ外道《げどう》たちの知らない仏教徒だけのもので、それは釈尊の正法の眼目を正しく伝える修行者の大切な使命である、といっている。

さらに宝治二（一二四八）年十二月、永平寺の財政経済を引き締めるために、『庫院規式』五ヵ条をまとめ、庫院の米穀を個人が勝手に他へ転用することなどを禁じた。

ついで翌年の正月、『衆寮箴規《しゅりょうしんぎ》』一巻を著わし、最初に寮中のことはすべて「百丈の清規に一如にすべし」と、唐時代の『百丈清規』の精神を生かすことをつよく主張し、修行僧の衆寮における日常の心得をきびしく規定した。たとえば、衆寮内で大声を出して読経したり、詩を吟じたりしないこと、客を招いて談笑したり、商人・医者・占師などと無用な問答をしないこと、他人の机のところへ行って覗いたりしないこと、世間の名利や国内の政情などを話し合ったり、修行者仲間の噂話などしないこと、書画や仏像などを掛けないこと、横になって物に寄りかかって脚を投げ出したりしないこと、金銭などを貯えてはならないこと、俗書や詩歌の本を置かないこと、武具などを持ち込むものは寮から追い出すこと、楽器や酒類を置かないことなど、修行の妨げになるもの一切を禁じたのである。

このほか、『赴粥飯法《ふしゆくはんぼう》』を著わし、食器をひろげて食物を受ける作法から、食べ方、食器の洗い方にいたるまで、僧堂における一切の食事作法をことこまかに説いた。そして、「食は諸法の法なり」という考えから、一切の食事作法が仏道修行と密接不可分の関係にある、いや修行そのものである、と説いたのである。これによって道元が食事全般をいかに重視していたかがわかる。

このように道元は、永平寺において理想的な修行生活を実現するため、教団運営の実際面に全力をそそいだ。そのため、永平寺の教団にはきわめて理想的な雰囲気が充満した。そのころの永平寺では、五色の雲がたなびき、あるときは芳香が漂い、夜中に二百ほどの鐘声が聞こえたというが、これらの奇蹟もまったく単なる風説でしかないとも言えないのではないか。このようにさえ思えてくるのである。

鎌倉への旅

こうして、新道場の充実と発展に精魂を傾けていた宝治元（一二四七）年、道元は執権北条時頼の招きをうけ、突如鎌倉に旅立った。

それにしても不可思議なことは、永平寺教団の体制固めに全精力を注がなければならないこの大事なときに、越前の山奥から政治の中心である鎌倉にはるばる赴いたことである。

道元の徹底した理想主義からすれば、たとえどのような事情があったにせよ、拒絶するのが当然ではなかったか。それを遠い関東までわざわざ赴いたのは何故か。まず考えてみなければならないのは、その当時の鎌倉地方の情勢である。

これよりさき鎌倉幕府では、北条泰時のあと、経時が執権職をついだが、人望の篤かった泰時亡きあと、とかく不安定な政情が続いていた。一方、九条頼経は、将軍職を譲ったものの、将軍職にあること三十年、北条氏の家臣団とも密接な関係を保ち、なお隠然たる勢力があった。このような情況のなかで、寛元四（一二四六）年三月、病弱の経時に代って弟の時頼が執権職についたのである。これをきっかけに、頼経と執権時頼との間がにわかに尖鋭化した。そしてついに、頼経が名越《なごや》光時と相図って、時頼を除こうとしたのである。鎌倉は一時物情騒然となった。時頼は機先を制し、光時を伊豆に流し、頼経を京都に送還してしまった。ついで宝治元年六月、光時らと通じた三浦一族を攻め滅ぼし、執権を中心とする専制体制を固めた。ここに反幕勢力であった名越・三浦一族は撲滅され、北条政権は時頼のもとでようやく安定期に入ったのである。

国中を風靡する新宗教にかねがね深い関心をよせていた時頼は、道元を鎌倉に招こうと考えたのであろう。当時波多野義重が鎌倉に出仕していたから、道元の鎌倉招聘に一役買っていたことも考えられる。

しかし、あれほど名利、そして権勢に近づくことを嫌っていた道元である。たとえ執権たりとはいえ、時頼の懇請を受けたというだけで、永平寺を離れ、はるばる鎌倉に下向したという史実は、いかにも不思議に思われるであろう。この点について道元は、果してどのように考えていたのであろうか。また、当時の鎌倉の宗教界はどういう状勢であったのであろうか。

そのころ鎌倉地方では、栄西門下の黄竜派の禅宗が寿福寺を中心に最も栄えていた。その中心人物は、寿福寺の住持をつとめていた大歇了心《だいかつりょうしん》であった。かれは栄西の孫弟子であり、入宋して大陸禅の新風を直接学んできた人である。大陸禅の新機軸などをさかんに取り入れ、鎌倉の宗教界で新指導者として活躍していた。黄竜派の始祖である栄西や明全に学んだ道元、しかも、明全とともに入宋して大陸の新しい禅を伝えて、今や天下の注目を集めていた道元に、当然大歇了心が特別な関心をもっていても不思議ではない。道元が建仁寺にいた時代、または在宋中、この二人は互いに交友があったということも考えられる。大歇は、のちに来朝僧の蘭渓を時頼にとりもったと同様、道元を鎌倉に招聘するよう、時頼に進言したと考えられる。かねて大陸禅に関心が深かった時頼は、大歇のすすめもあって、道元の新しい禅風に大いに興味を示し、かれを鎌倉に呼ぼうと考えたのであろう。

一方、道元は、鎌倉幕府と密接な関係がある建仁寺に再度寄寓し、その間、波多野氏はじめ鎌倉武士との交渉も少なくなかった。幕府の支援によって日宋貿易船に便乗し、入宋したというかっての思誼もあった。まして、公家社会を後楯にした天台衆徒などから迫害を受けてきた道元であってみれば、鎌倉幕府に傾倒したとしても不思議ではない。道元が時頼の要請に応じた背景には、こうした数々の事情があった。

この鎌倉下向は、道元の宗教の本質を考える上で、重要な問題を含んでいる。とりわけ注目されるのは、出家主義の一見不徹底と思われる点である。

たしかに道元は出家主義を標榜し、越前の山奥にこもって厳しい修行生活を守り、釈尊の正法を同志たちだけでも伝えようと考えていた。しかし、いかに峻烈な禅を追究したとはいえ、教団の存続と在家信者に対する布教活動をまったく度外視することはできなかったはずである。おそらく、釈尊の正法を純粋に保つための「出家主義」と、仏法を弘めて一般大衆を救済する「弘法救生」の思想は、その環境や方法によっては、立派に両立できるという理想に近い考えをもっていたにちがいない。道元は、時頼の懇請もだしがたく、「弘法救生」の理想を実現するため一大決心をして、鎌倉に下向したのであった。

いよいよ鎌倉に赴いた道元は、時頼の篤い帰依をうけ、禅について説法するとともに、仏教生活をいとなむのに必要な菩薩戒を時頼に授けた。しかし、禅の修行に熱心な時頼はともかく、鎌倉の一般武士たちの信仰は、なお旧態然とした加持祈禱や密教的行事がほとんどで、道元禅による教化には限界があることは、明瞭であった。道元の期待ははずれた。時頼が禅寺を建て、その開山に迎えようとしたのを断り、宝治二（一二四八）年春、鎌倉武士の教化を断念して、越前の永平寺に帰ったのである。

道元が鎌倉に下向したとき、執権時頼に大政奉還を勧告したという説が古くから伝えられている。

これは『空華《くうげ》日用工夫略集』という南北朝時代の義堂周信の日記にみえているのである。それによると、将軍足利義満の禅の指導をするため、義堂が室町幕府に赴いた時、談たまたま天下の政治のことに及んだという。義満が、「万一異変が起きたならば、天下を棄てたいと思う」と語った。義堂は義満をねぎらい、「世の中をみるのに、道元が北条時頼に勧めたようにしようと思う」と語った。義堂は義満をねぎらい、「世の中をみるのに、破れた草履と同じように平然とみるのが、安楽長久のもとです」といって慰めたという。この場合、義満が天下を棄てたいと思うと語ったのは、人生に対する執着を絶って出家したいというほどの意味であろう。それを、道元が大政奉還を時頼に勧めたと解釈するのは、いささか牽強付会の説ではないだろうか。

また『鎌倉市史』などは、鎌倉幕府の事蹟を記したとされている『吾妻鏡』に道元の鎌倉下向の記事がないという理由で、その史実を疑っている。しかし、それだけの理由で、鎌倉下向の事実がなかったとは断定できないであろう。

最後の説法

春とともに永平寺にもどった道元は、再び厳しい修行生活に入った。そして、門弟たちの教育を一層徹底させようと、『庫院規式』や『衆寮清規』を著わした。しかし、以前のように『正法眼蔵』の著述をすすめることはなかった。越前山奥での峻厳な修行生活によって、いつしか道元の身体は、二度と癒えることのない病にむしばまれていたのである。やがて病状がすすむのを感じるにつけ、道元にとって最も気がかりだったのは、自分亡きあと、門弟たちが道元の教えをどのように伝えていくかという点であった。道元は、釈尊が入滅にあたって、最後に弟子たちに説いた先例にならい、「八大《はちだい》人覚《にんかく》」の巻を著わした。

八大人覚というのは、修行者がそれをしっかり守っていけば、仏法は永遠に滅びないと、釈尊が最後に説いた遺誡《ゆいかい》のことで、㈠欲望を少なくする㈡少しのもので満足する㈢静寂を楽しむ㈣よく精進する㈤みだらなことを考えない㈥心静かに瞑想する㈦智恵を学ぶ㈧たわむれの議論をしない、という八項目のことをいう。これは枕経《まくらぎよう》のときに読まれる『遺教経《ゆいきようぎよう》』にみえている教えである。道元はそれに倣い、病をおして次のように説法した。

「この故に、如来（釈尊）の弟子は、かならずこれを習学したてまつる。これを修習せず、しらざらんは、仏弟子にあらず。これ如来の正法眼蔵涅槃妙心なり。しかあるに、いましらざるものはおほく、見聞せることあるものはすくなきは、魔嬈《まによう》（魔障）によりてしらざるなり。また、宿《しゆく》殖《じき》善根（善根功徳をつみかさねること）のすくなきもの、きかずみず。昔し正法・像法のあひだは、仏弟子みなこれをしれり。修習し参学しき。いまは、千比丘のなかに一両この、八大人覚しれる者なし。あはれむべし、澆季（末世）の陵夷（衰微）たとふるにものなし。如来の正法、いま大千（世界）に流布して、白法《びやくほう》（正法）いまだ滅せざらんとき、いそぎ習学すべきなり。緩怠《かんたい》（おこたること）なることなかれ。仏法にあひたてまつること、無量劫（永久）にかたし。人身をうること、またかたし。（中略）如来の般涅槃（死）よりさきに涅槃にいり、さきだちて死せるともがらは、この八大人覚をきかず、ならはず。いまわれら見聞したてまつり、習学したてまつる。宿殖《しゆくじき》善根のちからなり。いま習学して生々（いきいきと）に増長し、かならず無上菩提（最上の正しい悟り）にいたり、衆生のためにこれをとかんこと、釈迦牟尼仏にひとしくして、ことなることなからん」

（「八大人覚」巻）

釈尊の弟子たちは、必ずこの八大人覚を学び修めた。だから、これを学ばないものは仏弟子とはいえない。それは八大人覚が釈尊の正法のかなめだからである。むかしの仏弟子たちは、これが大切なことをよく承知していたから、みなこれを学び修めたが、いまではそのことを知っているものは、千人の僧のうち一人もいないくらいである。このように、そのことを知らないものが多いのは、魔障のためであって、まことに残念なことである。だから、釈尊の正法が世に流布している間に、急いで学び修めるべきである。そして、それをいきいきと受け継いで、釈尊とまったく同じように、一般大衆のために広めるように努力していけば、釈尊の「真実の仏法」は絶対に滅びることはない。

このように、道元は結んだ。釈尊を理想とし、釈尊と等しくあるべきだという道元の究極の理想を説いた「八大人覚」は、道元最後の著述となったのである。

晩年の道元は、病をおして各巻に手を加え、あるいは新たに起草して、『正法眼蔵』全体を百巻にまとめようとした。おそらく圜悟の『碧岩録』が百巻であったのに倣ったのであろう。しかし、病状がすすんだため、その計画は急に変更され、結局最終的には十二巻に改められた。その場合にも、「八大人覚」の巻は最後におかれた。この一事によっても、道元がこの巻をいかに重視していたかがわかる。

道元自撰の十二巻本以外のものは、のちに七十五巻本にまとめられた。したがって現在では、十二巻本と七十五巻本とあわせたものが、『正法眼蔵』の最も古い形であると考えられている。次に各巻を列記しておこう。

『正法眼蔵』十二巻本

一、出家功徳　二、受戒　三、袈裟功徳　四、発菩提心
五、供養諸仏　六、帰依仏法僧宝　七、深信因果　八、三時業
九、四馬　一〇、四禅比丘　一一、一百八法明門　一二、八大人覚

『正法眼蔵』七十五巻本

一、現成公按　二、摩訶般若波羅蜜　三、仏性　四、身心学道
五、即心是仏　六、行仏威儀　七、一顆明珠　八、心不可得
九、古仏心　一〇、大悟　一一、坐禅儀　一二、坐禅箴
一三、海印三昧　一四、空華　一五、光明　一六、行持上下

一七、恁麼
一八、観音
一九、古鏡
二〇、有時
二一、授記
二二、全機
二三、都機
二四、画餅
二五、渓声山色
二六、仏向上事
二七、夢中説夢
二八、礼拝得髄
二九、山水経
三〇、看経
三一、諸悪莫作
三二、伝衣
三三、道得
三四、仏教
三五、神通
三六、阿羅漢
三七、春秋
三八、葛藤
三九、嗣書
四〇、栢樹子
四一、三界唯心
四二、説心説性
四三、諸法実相
四四、仏道
四五、密語
四六、無情説法
四七、仏経
四八、法性
四九、陀羅尼
五〇、洗面
五一、面授
五二、仏祖
五三、梅華
五四、洗浄
五五、十方
五六、見仏
五七、徧参
五八、眼睛
五九、家常
六〇、三十七品菩提分法
六一、竜吟
六二、祖師西来意
六三、発菩提心
六四、優曇華
六五、如来全身
六六、三昧王三昧
六七、転法輪
六八、大修行
六九、自証三昧
七〇、虚空
七一、鉢盂
七二、安居
七三、他心通
七四、王索仙陀婆
七五、出家

病状がすすんだ道元は、建長五（一二五三）年七月、永平寺の席を弟子懐弉に譲り、ここに懐弉は永平寺の第二世となった。

やがて療養のため、道元は永平寺を出て京都にのぼり、八月二十八日夜半、京の宿で、「五十四年、第一天ヲ照ラス。コノ踍跳《ぼっちょう》（はねまわり）ヲ打シテ、大千（世界）ヲ触破（触れて破ること）ス。咦《いい》。渾身モトムルトコロナク、活《い》キナガラ黄泉ニオツ」（原漢文）と遺偈《ゆいげ》を記し、しずかに目を閉じたのである。行年五十四歳、それはまことに至純な求道者の一生であった。

道元の全生涯を通じ、帰依した僧俗信徒は数知れず、うち剃髪をうけて出家したもの三百余人、大乗菩薩戒をうけた弟子は七百余人にのぼったという。

おりしもその頃の京都では、親鸞が多くの書状を書き送って、各地の念仏者たちを励まし続けており、一方、東の鎌倉では、建長寺が建立され、北条時頼の庇護のもとに、蘭渓道隆による大陸禅がようやく定着し始めた。それと時を同じくして、日蓮が安房の小湊から鎌倉に移り、南無妙法蓮華経の題目を唱え、末法からの救いを見出そうとしていた。

そうしたなかで、道元の思想は、どのように生き続けたのであろうか。

Ⅵ　道元の思想の流れ

懐奘と『随聞記』

道元なきあと、その思想の最も忠実な継承者となったのは、いうまでもなく永平寺を継いだ孤雲懐《え》奘《じょう》（一一九八―一二八〇）である。

かれは道元より二歳も年上であったが、道元の心酔者となってその教化活動を助けるかたわら、すでに深草時代の仁治二年頃から、『正法眼蔵』（以下『眼蔵』という）の浄書を行なっている。越前に移ってからは一層それに専念した。懐奘が書写したものだけでも、実に六十余巻に及んでいる。そのなかには七十五巻本と同じ巻数が記されているものや、再治御本という奥書があるものが含まれている。したがって、道元が自ら編した十二巻本以外の諸巻を再びしらべて、七十五巻本を完成させたのは、道元の最も忠実な祖述者である懐奘であったとみてよいであろう。

また、道元門下の詮慧《せんね》には、道元の講説を聞き書きした『正法眼蔵御聴書』十巻がある。ついで、その弟子の経豪《きょうごう》は、それにもとづいて『正法眼蔵抄』三十巻を著わした。いずれも『眼蔵』の最古の註釈書として注目されている。しかし、それらの中には後人の追書が混入した部分や、日本の各宗に対する特定の価値観が加わっており、道元の思想の忠実な祖述とはいえないところがある。

永平寺では、懐奘のあと徹通義介（一二一九—一三〇九）が第三世となった。かれは道元のもとで永平寺の典座や監寺《かんす》をつとめ、道元が最後に上京した折には留守を託された程の人物であったが、道元の死去によって、その法を継ぐとの約束は果されなかった。懐奘の弟子となった進歩的なかれは、大陸での見聞をもとに、山門などの伽藍や行事・儀礼などを一新し、永平寺教団の発展のために積極的に取組んだのである。

ところが、道元の枯淡な禅風を守り続けようとする宝慶寺《ほうきようじ》（福井県大野市）の寂円や義演など、保守的な人々と意見が対立し、ついに文永九（一二七二）年二月、永平寺を退いて、加賀の大乗寺（石川県野々市町、のち金沢市長坂町に移転）に移ってしまった。これが永平寺の三代相論といわれる事件である。

この後、永平寺は、残った寂円・義演の一派だけによって受け継がれ、徹通のあと義演（—一三一四）が永平寺第四世となり、ついで寂円門下の義雲（一二五三—一三三三）が五世となった。義雲は梵鐘を鋳造するなどこの寺の復興を遂げるとともに、散逸しかけた『眼蔵』を集成することにつとめ、懐奘の奥書がある諸巻を中心に写本を集めて、あらたに六十巻本を編集した。おそらく当時永平寺では、懐奘が編集した七十五巻本が散逸してしまっていたためであろう。こうして六十巻本は道元自編の十二巻本とともに、寂円・義演派の根本聖典として永平寺・宝慶寺を中心に受け継がれていった。

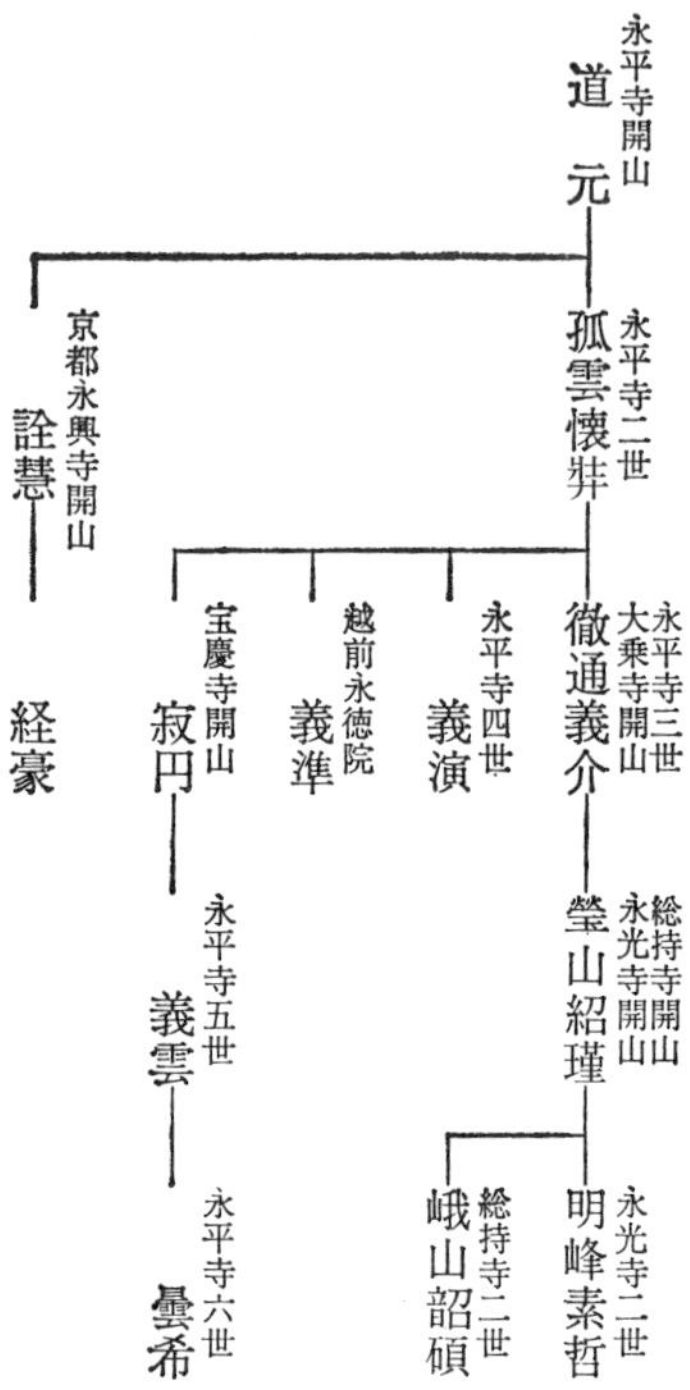

やがて永平寺・宝慶寺における伝承をもとにつくられたのが、有名な『正法眼蔵随聞記』（以下『随聞記』という）である。

ところで読者は、このような説に奇異な感をもつにちがいない。というのは、『随聞記』は道元が日常その門下に説いた教えや言行をもとに、弟子の懐奘が聞き書きして編集したものと、一般に考えられているからである。たしかに『随聞記』は道元の宗教と思想を最も解り易く説いたものとして、その説得力ある内容は、今日なおわれわれの心を強く打つものがある。おそらくその古典的価値は、今後も永遠に変らないと断言してよいであろう。

しかし、そのなかに例えば次のような記述がある。

「語録・公案等を見て、古人の行履《あんり》（行ない）をも知り、あるいは迷者のために説き聞かしめん。皆是れ自行化他（自分のための修行と、他人を教化すること）のために無用なり。只管打坐して大事（悟りを開くこと）を明らめ、心の理を明らめなば、後には一字を知らずとも、他に開示（説くこと）せんに、用ひ尽くすべからず」

すなわち、語録や公案などを学ぶ必要などはない。ただひたすら坐禅をして悟りを開けば、その後は、たとえ一字も知らなくても、人に仏法を説くことができる、という記述である。

さらに、懐弉の坐禅の効能についての問いに答えて、次のようにもいっている。

「公案話頭（禅の公案）を見て、聊か知覚（分別すること）あるやうなりとも、其れは仏祖（釈尊）の道にとほざかる因縁なり。無所得無所悟（悟るところがないこと）にて端坐して時を移さば、即ち祖道なるべし。古人も看語（公案問答を使うこと）祇管坐禅、ともに進めたれども、なほ坐（坐禅）をば専ら進めしなり。また話頭（公案）を以て、悟りをひらきたる人有れども、其れも、坐の功によりて悟りの開くる因縁なり。まさしき功は坐にあるべし」

これは公案を使う問答によって、仏教の神髄がいくらか判ったように思っても、かえってそれは、釈尊の本当の精神に遠ざかる原因にもなる。なにも悟るところがなくても、ただひたすら坐禅をして時を過ごせば、それがそのまま釈尊が説いた仏道につながるのである。古人は公案を使うことも、公案を使わないでひたすら坐禅に打ち込むことも、ともに勧めたが、やはりわたしは、もっぱら坐禅をすることを特に勧める。公案によって悟りを開いた人もいるにはいるが、それも坐禅の効果によって悟ったのである。だから、正しいのは只管坐禅である。

道元は『随聞記』でこのように説いたというのであるが、これはまさしく公案禅の否定にほかならない。しかも、このような只管坐禅に対する考え方や、公案否定の『随聞記』の考え方は、明らかに道元が『眼蔵』で説いたところと矛盾している。このように、『眼蔵』では全く見られない禅の本質に関する正反対の思想が『随聞記』に説かれているということは、ただ道元の思想の変化ということだけでは片付けられない重要な点である。

さらに又、模範的な坐禅の例として、大恵について次のように述べている。

「(道元)示に云く、大恵禅師(宗杲)、ある時、尻に腫物《はれもの》を出す。医師是れを見て、大事の物なりと云ふ。恵(大恵)云く、大事の物ならば死すべしや。医云く、ほとんどあやふかるべし。恵云く、若し死ぬべくば、弥《いよいよ》坐禅すべし、と云って、なほ強盛に坐したりしかば、かの腫物うみつぶれて、別の事なかりき。古人の心是のごとし。病を受けては弥《いよいよ》坐禅せしなり」

かの大恵は腫物が尻にできたとき、医者から死の危険があると宣告されたが、死ぬかも知れないなら、それまではもっともっと坐禅に打ち込まなければならないといって、一層猛烈に坐禅にはげんだという。この大恵の修行態度を賞讃している。ところが、すでにのべたように、道元は『眼蔵』では大恵の禅を口をきわめて非難している。両者の間にはあまりにも大きな考え方の違いがある。

また、あるとき人が道元に勧めて、「仏法を興すためには、幕府がある関東に行って布教された方がよいでしょう」と進言した。これに対して、道元は次のように説いたという。

「然らず。若し仏法に志あらば、山川江海を渡っても来って学すべし。その志なからん人に往き向かってすすむとも、聞き入れん事不定なり。ただ我が資縁のため人を狂惑《きようわく》せん、財宝を貪らんためか。其れは身の苦しければ、いかでもありなんと覚ゆるなり」

つまり、仏法に入ろうという深い志がない人のために、わざわざ鎌倉あたりまで出掛けて行くのは、自分のために物質的なよりどころを求め、財宝を手に入れようと考えるからである。そのようなことは身体を苦しめるだけで無駄であるから、行くまでもないと思う。このようにのべ、道元は鎌倉下向を拒絶している。これは道元が鎌倉に下向した史実と矛盾している。

したがって、『随聞記』の記述と『眼蔵』や道元に関する史実などとの間には、大きな食い違いがあることがわかる。とすれば、『随聞記』は道元の忠実な祖述者である懐奘が道元の言行などを聞き書きしたものであるとの従来の説には、いささか問題があるといわなければならない。

大久保道舟氏も、用語の時代的な特徴から、鎌倉時代の末頃にその弟子あたりが作ったものであろうと推測されているのはもっともである。

しかし、『随聞記』の最古の形態を示している長円寺本の奥書をみると、康暦二（一三八〇）年五月に越前の宝慶寺で書写したとある。したがって、『随聞記』は南北朝中期に成立していたことは確かである。

以上のような諸点からみると、『随聞記』は、鎌倉時代の末期から南北朝中期の間に、『眼蔵』や道元の言行・伝承などをもとに、宝慶寺又は永平寺によっていた寂円・義演一派の法孫が、道元の思想をあらたに解り易く説き示そうとして著わしたものではなかろうか。

たしかに道元が坐禅によって到達した宗教的世界は、唯一絶対のものである。しかし、その独特な用語とその無限な拡がりをもつ思想の深遠さや峻厳さは、かならずしも誰にでも直ぐ理解できるという性質のものとはいえない。その点『随聞記』は、『眼蔵』にくらべて平易な文章で書かれており、そのうえ多くの説話などを挿入して解り易く説かれている。しかも、『眼蔵』の古典的な完璧さより、むしろ浪漫的な情緒が濃厚に漂っている。そのために、かえって優れた説得力を持ち、ひろく一般の人びとにも強く訴えることができたのであろう。『眼蔵』との間に思想的な矛盾がありながら、今日なおその愛読者が絶えないのはそのためである。このような『随聞記』と道元との関係は、唯円の作といわれている『歎異抄』と親鸞との関係にきわめて似通っているように思われる。

一方、永平寺を去って加賀に赴いた徹通門下から瑩山紹瑾《けいざんじょうきん》（一二六八—一三二五）が出るに及んで、事態は一変した。それは瑩山が、白山天台系の衆徒やかれらに附随する天台系の修験者を媒介として、次々に白山天台寺院を曹洞宗に吸収するという、新しい教団発展のパターンをつくり上げ、能登に進出して、たちまちに永光寺（石川県羽咋市酒井町）や総持寺（石川県鳳至郡門前町、のち神奈川県鶴見に移る）などを曹洞宗に改宗して行ったからである。しかも、高弟の峨山韶碩《がざんしょうせき》（一二七五—一三六五）は、その方針を強力に推進した。その結果、瑩山門派は総持寺を基点として、西は九州・中国から北は奥羽にいたるまで、巨大な白山天台や白山権現の本地仏である観音信仰などの教線に沿って、驚異的な発展を遂げ、日本国中いたるところに曹洞宗寺院をひらいた。その間、『眼蔵』は主として十二巻本と七十五巻本が伝承された。

やがて室町中期には、全国的な大門派に成長した瑩山派の人々が、その実力を背景として、永平寺に入山するようになった。ここに三代相論以来ながく関係が跡絶えていた永平寺・宝慶寺の一派と瑩山派は合流を遂げ、永平寺は全曹洞教団の根本道場として脚光を浴びた。

さらに室町後半期になると、道元第何世の法孫という理由で、朝廷から禅師号の宣下を受けるものが相次いで現われ、教団全体に道元中心の思想が次第に蘇った。

ついで永正四（一五〇七）年、「本朝曹洞第一道場」という勅額が永平寺に下賜され、永平寺は五山の南禅寺と同様、勅旨をうけて入寺する勅住寺院に列せられた。さらに江戸時代に入って、永平・総持両寺を両本山とする一万数千寺の本末関係が成立し、今日みられる曹洞宗が出来上ったのである。

道元の復活

しかし一方では、教団の拡張にともなって道元の精神が忘れられ、寺院相続のために勝手に嗣法の師をかえて他法を重ねて受けるなど、嗣法の伝授や修行規律が崩れてしまった。このため、月舟宗胡（一六一八—九六）や卍山道白《まんざんどうはく》（一六三六—一七一四）によって、このような宗統の乱脈を正し、道元の古式にかえそうという復古運動がすすめられた。その結果、道元への復帰が叫ばれ、道元の清規や『眼蔵』などの研究熱が盛んとなり、江戸の吉祥寺（東京都文京区本駒込）の旃檀林や芝の青松寺（東京都港区芝愛宕町）の獅子窟などの学寮は、千余人にのぼる修行僧をあつめて昌平坂学問所にも匹敵する内容の充実を誇り、多くの学者を養成して曹洞宗復興の原動力となった。このような雰囲気のなかで、文化八（一八一一）年、永平寺五十世の玄透によって九十五巻本（本山版）が出版された。これは『眼蔵』の各巻を撰述の年代順に配列したもので、『眼蔵』の普及版として広く利用された。

以上のような教団の主流とは別に、江戸時代の曹洞宗には、飄々として托鉢をつづけ、草庵に隠れて一介の乞食僧として、世のすね者のように生涯を終った人が何人もいた。しかし、特異な風格や学殖によって、ひろく民衆にもてはやされ、社会に多大の感化を及ぼしている場合が多い。彼らは名利や政権に近づくことを徹底的にきらい、宗門の主流から離れて漂泊の人生を送り、一生、世に出なかったが、それゆえにかえって道元が力説した出家道の精神を真に受け継いでいたという一面があることを忘れてはなるまい。

たとえば、髑髏《どくろ》を食器に使いながら山中の岩窟に閑居するなど、飄々として一所に定住せず、心の赴くままに布袋や達磨など洒脱な書画を描いて生活の糧とし、ついに立ったまま穴の中で一生を閉じた穴風外（慧薫、一五六八―一六五〇頃）も、その一人である。また、本格的に禅の修行を積みながら名利をきらって、飄然と旅に出て乞食の群に投じ、ぼろをまとい髭をぼうぼうと生やし、原始仏教そのままの乞食《こつじき》の行を実践した乞食桃水（雲渓、一六〇六―八三）も曹洞宗の人である。しかし、そうした「散聖」の代表的人物としては、やはり良寛（一七五八―一八三一）をあげるべきであろう。

良寛は、越後の出雲崎の名主山本伊織の長男として呱々の声をあげた。だが、名主として北越の貧しい漁村民の面倒をみるには、その純心無垢な心は、あまりにもいたみやすく、傷つき易かった。そこで、おのれの心を救い、光明をこの世にもたらすことができるのは、仏の道のほかにはないと痛感し、救世済民のため出家の道をえらんだ。近くの曹洞宗の寺に入って名を良寛と改め、玉島（岡山県倉敷市）の円通寺に赴いて大忍国仙に弟子入りした。大忍は、宗統復古運動の旗頭であった月舟の法孫にあたる人である。良寛は大忍のもとで、道元禅の神髄を学ぶこと十余年、その語録を愛読し、『眼蔵』のなかの愛語の文章を座右銘にするなど、道元に深く傾倒した。晩年は越後の国上《くがみ》山の五合庵にこもり、昼は出でて食を乞うて歩き、日が西に傾けば庵に帰って独り坐禅するという、原始仏教そのままの托鉢苦行を実践した。道元が説いた原始仏教の実践理念に深く共鳴したからにほかならない。

こうして良寛は托鉢をして食をしのぎ、しかも一切の物事にこだわらなかった。草庵を訪れた乞食に自分の着物を脱いで与えてやり、寝たふりをして敷いていた夜具まで泥棒に盗ませたともいう。米粒があれば鳥や獣に与えるのを喜び、虱も自分のふところに入れてしまい、足を蚊帳から出して蚊に血をすわせてやったという。また、ある家の女中のおよしさんと大の仲よしであったり、出雲崎の遊女とおはじきをして戯れるなど、どんな人をも差別なく愛し、世の毀誉褒貶など一向に意に介しなかった。その慈愛の広さと深さは、何人も真似のできない徹底したところがあった。こうした心境には、誰もが心の底まで洗い清められたのである。

良寛は村人たちの求めに応じて、その無限の愛と飄逸の心情をすなおに詩や歌に表わした。その無類な清浄心と風格は、彼の作品にそのまま生きつづけている。そこには禅僧にありがちなてらいもなく、清楚で行雲流水のような爽やかさと、われわれの心を強く捕えて放さないものがある。それは厳しい禅修行をのりこえてきた崇高でゆたかな人間性の発露にほかならなかった。

良寛は人に説法をしたり、お経を講じたり、口頭で禅を説くようなことはしなかった。けれども、和気に満ちたその温顔は、無為にして人を化するものがあった。何人にも愛され続ける秘密がそこにある。これこそ真の禅の力というものであろう。

しかし一方、本当に禅の奥儀をきわめてもいないのに、いかにも悟り顔をして、みずから一人前の高僧のように振舞い、人びとを惑わして布施をむさぼり、一向に顧みようともしない仏教界の時流に対しては、良寛は辛辣な批判をあびせた。人を誹謗することなど好まない良寛も、当時の寺院仏教の腐敗には我慢ができなかったのであろう。まさしくそれは、大恵派の禅や古代仏教を批判した道元の態度と一脈通ずるものがある。

このように、良寛は曹洞宗の主流からはずれていたが、かえって道元が到達した禅の根本思想をよく受け継いでいたといえよう。明治になって仏教学を興した中心人物の一人である原坦山が、良寛こそは道元以来の巨匠であると評したのも、尤もなことである。

道元略年譜

元号	西暦	年齢	道元関係事項	仏教関係事項	一般事項
正治二	一二〇〇	一	京都に生れる	五月、幕府念仏宗を禁ず	一月、梶原景時敗死す 八月、高倉範子死す
建仁元	一二〇一	二		この年、親鸞六角堂に参籠して念仏者となる	諸国大風雨
二	一二〇二	三	十月、父久我通親死す	この年、栄西、建仁寺を開く	七月、頼家将軍となる
三	一二〇三	四	『李《り》嶠《きょう》百詠』を読む	三月、拙庵徳光死す	九月、比企能員の乱 実朝、将軍となる
元久元	一二〇四	五		十一月、源空七ヶ条起請文を定める	
二	一二〇五	六			三月、久我通具ら『新古今集』を撰進
建永元	一二〇六	七	『左伝』『毛詩』を読む	三月、僧正公胤、園城寺長吏となる 十一月、明恵房、高山寺を建てる	
承元元	一二〇七	八	冬、母死す	二月、幕府源空・親鸞を	四月、九条兼実死す

二	一二〇八	九	『倶舎論』を読む	流す	
三	一二〇九	一〇		九月、公胤鎌倉に下る	
四	一二一〇	一一			
建暦元	一二一一	一二		四月、俊芿《しゅんじょう》宋より帰国	
二	一二一二	一三	春、良顕について出家、横川の首楞厳院千光房に入る	一月、源空死す 十一月、明恵房、『選択集』を批判す	この頃、『方丈記』成る
建保元	一二一三	一四	四月、公円について剃髪、菩薩戒を受く	一月、公円天台座主となる 十一月、慈円天台座主となる	五月、和田義盛、幕府と戦って敗死す
二	一二一四	一五	この頃、園城寺に公胤を訪ね、建仁寺の栄西に相見する	四月、延暦寺衆徒、園城寺を焼打ちす	二月、栄西、実朝に『喫茶養生記』を撰進す
三	一二一五	一六		七月、栄西死す	一月、北条時政死す
四	一二一六	一七		閏六月、三井寺公胤死す	十一月、実朝入宋を志す
五	一二一七	一八	秋、建仁寺の明全に従う		
六	一二一八	一九		九月、延暦寺衆徒の強訴	
承久元	一二一九	二〇		閏二月、幕府専修念仏を禁ずる	一月、将軍実朝、公暁に殺さる
二	一二二〇	二一		この頃、『愚管抄』成る	八月、京都に大風雨・洪水
三	一二二一	二二		九月、栄朝、上野長楽寺を創建す	五月、承久の乱起る 六月、六波羅探題を置く

					七月、幕府が後鳥羽上皇を隠岐に、順徳上皇を佐渡に流す 十月、土御門上皇を土佐に流す
貞応元	一二二二	二三			
二	一二二三	二四	二月、明全らと建仁寺を出て入宋の途につく 四月、寧波に着く 五月、船中で阿育王山の老典座に会う 七月、天童山に登り、無際に参ず 秋、仏眼《ぶつげん》派の嗣書を見る この年、雲門宗の嗣書を見る	二月、日蓮誕生	
元仁元	一二二四	二五	一月、無際の嗣書を見る 冬、諸寺遍歴の旅に出る	親鸞、『教行信証』を著わす 無際了派死す	六月、北条泰時が執権となる
嘉禄元 （中国・宝慶元）	一二二五	二六	春、径山の浙翁に参ず ついで天台山万年寺の元鼒に参じ嗣書を見る 台州小翠岩の盤山に参じ、さらに大梅山に寄る 五月、天童山の如浄に参ず	五月、明全死す 九月、慈円死す	七月、北条政子死す 十二月、幕府が評定衆を置く 鎌倉大番の制を定める

			夏、阿育王山に行く この年、法眼宗の嗣書を見る		
二	一二二六	二七	三月、天童山妙高台で如浄から大梅法常の話を聞く		一月、藤原頼経将軍となる
安貞元	一二二七	二八	秋、宋より帰国し、建仁寺に入る この年、『普勧坐禅儀』を撰述する	七月、延暦寺の訴えによって隆寛らを流し、専修念仏を禁止する	
二	一二二八	二九		七月、如浄死す	
寛喜元	一二二九	三〇			四月、新立荘園を禁止す
二	一二三〇	三一	この頃、建仁寺より深草に移り住む		十二月、松殿基房死す
三	一二三一	三二	七月、安養院で了然に説法する 八月、『弁道話』を著わす		この年、大飢饉　京都に餓死者多し
貞永元	一二三二	三三		一月、明恵房高弁死す	八月、『貞永式目』五十一ヶ条成る
天福元	一二三三	三四	この頃、観音導利興聖宝林禅寺を開く 夏、『摩訶般若波羅蜜』を同寺で説く 七月、『普勧坐禅儀』を清書する 八月、『現成公按』を書き、楊		二月、延暦寺衆徒闘争す 五月、京都の大雨で、賀茂川氾濫す

文暦元	一二三四	三五	光秀に与える 三月、学道の用心を説く 冬、懐奘、道元に参ず	六月、幕府専修念仏を禁止する	
嘉禎元	一二三五	三六	八月、懐奘に、仏祖正伝菩薩戒を授く	この年、円爾入宋す	一月、幕府、僧徒の武装を禁止す この年、京都に疱瘡流行す
二	一二三六	三七			十月、幕府興福寺衆徒の蜂起のためその荘園を没収す
三	一二三七	三八	春、『典座教訓』を著わす この頃、正覚尼が法堂を、九条教家が法座を寄進す	十月、九条道家が東山山荘に大仏を造る この年、日蓮が出家して是聖房蓮長と名のる	三月、九条道家が摂政をやめる
暦仁元	一二三八	三九	四月、『一顆明珠』を説く		四月、道家、出家す
延応元	一二三九	四〇	四月、『重雲堂式』を著わす 五月、『即心是仏』を説く 十月、『洗浄』『洗面』を説く	八月、東福寺大仏殿の上棟	二月、後鳥羽法皇の死 五月、人身売買を禁止する
仁治元	一二四〇	四一	春、『礼拝得髄』、十月、『山水経』『有時』『袈裟功徳』『伝衣』 この年、『渓声山色』『諸悪莫《まく》作《さ》』を説く	五月、延暦寺衆徒、専修念仏禁止を幕府に要求す	十月、道元の伯父松殿師家死す
二	一二四一	四二	一月、『仏祖』、三月、『嗣書』を説く 春、懐鑑・義介・義演ら入門す	七月、円爾帰国し、筑前に崇福寺を建てる	八月、藤原定家死す

三	一二四二	四三	夏、『法華・転法華』を書き、『心不可得』、九月、『古鏡』『看経《かんぎん》』、十月、『仏性』『行仏威儀』、十一月、『仏教』『神通』を説く 一月、『大悟』、三月、『坐禅箴《しん》』『仏向上事』『恁麼《いんも》』、四月、『行持』『海印三昧』『授記』『観音』、五月、『阿羅漢』『栢樹子』、六月、『光明』、九月、『身心学道』『夢中説夢』、十月、『道得』、十一月、『画餅』、十二月、波多野義重邸で『全機』を説く	八月、道家東福寺を起工す 秋、円爾博多承天寺の開山になる	一月、四条天皇崩じ、後嵯峨天皇となる 五月、京都に疱瘡が流行する 六月、北条泰時死す
寛元元	一二四三	四四	一月、興聖寺で『都機』、三月、『空華』、四月、六波羅蜜寺で『古仏心』を説く 五月、興聖寺で『菩提薩埵四摂法』を書く 七月、『葛藤』を説く 七月、越前に下る 閏七月、禅師峰で『三界唯心』 九月、吉峰寺で『仏道』『密語』『諸法実相』『仏経』、十月、吉峰寺で『無情説法』『洗面』『面	二月、円爾が上京す 八月、円爾が東福寺の開山となる	五月、京都に疱瘡流行す

			授』『法性』、十一月、吉峰寺で『梅華』『十方』『坐禅箴』『坐禅儀』、禅師峰で『見仏』、禅師峰下茅庵で『徧参』、十二月、禅師峰下で『眼睛』『家常』『竜吟』を説く この年、吉峰寺で『説心説性』『陀羅尼』を説く		
二	一二四四	四五	正月、吉峰寺で『大悟』、二月、越前深山裏で『祖師西来意』、吉峰寺で『優曇華』『発無上心』『発菩提心』『如来全身』『三昧王三昧』『三十七品菩提分法』『転法輪』『自証三昧』を説く 三月、『大修行』を説き、『対大己五夏闍梨法』を撰する この年、越前山奥で『春秋』を説く		二月、幕府奴婢の養子・人身売買などの法律を定める 四月、頼嗣将軍となる
三	一二四五	四六	三月、大仏寺で『虚空』『鉢盂』を説く 六月、『安居』、七月、『他心通』、十月、『王索仙陀婆』を説く	この年、円爾が後嵯峨天皇に『宗鏡録』を進講する	一月、京都に大地震
四	一二四六	四七	この頃、大仏寺を永平寺と改称	この年、蘭渓道隆来朝す	一月、後深草天皇となる

			六月、『知事清規』を撰する 八月、『示庫院文』を撰する 九月、『出家』を説く		三月、北条時頼執権となる 七月、頼経を京都に送り返す
宝治元	一二四七	四八	一月、布薩説戒を行なう この年、鎌倉に向う		六月、時頼が三浦泰村とその一族を滅ぼす（宝治合戦）
二	一二四八	四九	この頃、永平寺に帰る 四月、永平寺僧堂に芳香が漂う 十二月、『庫院規式』を定める		
建長元	一二四九	五〇	一月、羅漢供養法会を行なう 『衆寮箴規』を撰する 八月、画像に自賛を加える	三月、無本覚心入宋す この年、時頼建長寺を開く	三月、京都大火六角堂・蓮華王院などを焼く 十二月、幕府引付衆を置く
二	一二五〇	五一	一月、重ねて『洗面』を説く		三月、幕府悪僧の乱暴を禁止す
三	一二五一	五二	一月、霊山院で花山院某と法談する	閏九月、親鸞常陸の門徒に書状を送る	
四	一二五二	五三	秋、病む		二月、九条道家死す
五	一二五三	五四	一月、『八大人覚』を書く 七月、永平寺を懐弉に譲る 八月、療養のために上京する 八月二十八日、京都の宿で死す	四月、日蓮鎌倉に入り『法華経』を唱える 十一月、蘭渓建長寺の開山となる	

参考文献

主な研究書

道元について、多少詳しく調べてみたいと思う人々のために、研究書や資料を紹介しておこう。

読書人の間に、道元についての関心が急にひろまったのは、大正十五年に和辻哲郎の「沙門道元」(岩波書店『日本精神史研究』所収)が世に出てからである。ついで昭和四年に和辻哲郎校訂『正法眼蔵随聞記』(岩波文庫)が出版されるに及んで、知識人の間で、道元に親しもうとする人々が急激に増えていった。それまでの道元研究は、ほとんど曹洞宗の宗門内で採り上げられていたにすぎなかったが、和辻氏の名篇発表を契機に、道元の思想が日本思想史研究の上で一躍注目されるようになったのである。ただ和辻氏で惜しまれるのは、主として『随聞記』を通じて道元をみている面が強いことである。

やがて、道元の主著である『正法眼蔵』を本格的に研究しようという動きが思想界に現れた。こうして戦前における道元研究のブームが起り、秋山範二『道元の研究』(岩波書店　昭和11)、田辺元『正法眼蔵の哲学私観』(岩波書店　昭14)、橋田邦彦『正法眼蔵釈意』(山喜房　昭14—25)など、道元を思想面から探究した力作が相次いで出版された。

一方、以上のような研究に対して、道元を宗祖と仰ぐ曹洞宗の伝統的な立場から書かれた衛藤即応『宗祖としての道元禅師』（岩波書店　昭19）は、道元の宗教に密教的性格を認めようとしたものであった。さらに衛藤氏の考え方を更におしすすめた榑林《くればやし》皓堂『道元禅の新研究』（禅学研究会　昭38）は、道元の思想を「信の仏法」としてとらえ、それは道元のいう「不染汚の修証」の立場であるとして、道元の禅を公案禅と明確に区別しようとしたものである。

戦後の一般研究では、むしろ道元を日本思想史全体の立場から客観的に考察しようという傾向が、圧倒的に強くなった。その先陣をなしたのが家永三郎「道元の宗教の歴史的性格」『中世仏教思想史研究』（法蔵館　昭22）である。また、高崎直道・梅原猛『古仏のまねび〈道元〉』仏教の思想11（角川書店　昭44）は、きわめて自由な発想から道元に取組み、道元が用いた身心脱落という言葉は如浄の心塵脱落からきているという新しい見解を引き出した。また、古田紹欽の『正法眼蔵の研究』（創文社　昭47）によれば、『正法眼蔵』という書名は、道元以後の後継者たちによって付けられたと特に強調されている。さらに、寺田透『道元の言語宇宙』（岩波書店　昭49）は、道元の用語と思惟方法の特質を探究することによって、その思想の神髄に迫ろうとした労作であり、森本和夫『道元とサルトル』現代新書（講談社　昭50）も、サルトルの実存哲学とのユニークな比較思想研究である。なお、道元の著作に引用されている経典や語録について考証した鏡島元隆『道元禅師の引用経典・語録の研究』（木耳社　昭40）も、最近の基礎研究の成果の一つである。

しかし道元研究には、その伝記研究も逸することのできない重要な分野である。この部門では、すでに古典的業績となっているものに、大久保道舟『修訂増補　道元禅師伝の研究』（筑摩書房　昭40）がある。これは昭和二十八年に出版されたものの増補版であるが、道元の伝記に関する綿密な研究で、なかでも道元の父母の考証や、『護国正法義』に関する史料の紹介などが特に注目される。このほか、おなじ解釈の流れに沿って道元伝を丹念にまとめた竹内道雄『道元』人物叢書（吉川弘文館　昭37）、臨済禅の立場から種々の提言を行なった秋月竜珉『道元入門』現代新書（講談社　昭45）などがある。

以上のほか、拙著『道元―その行動と思想―』（評論社　昭45）は、『眼蔵』の各巻と道元の生涯とを重ね合わせて考えることによって、禅宗史全体から、道元の思想とその推移を明らかにしようとしたものであり、おなじく拙著『道元とその弟子』（毎日新聞社　昭47）は、二百数十の図版を併載して、道元の生涯とその門流について「絵解《えと》き」を試みたものである。

つぎに、道元を研究するのに便利なテクストとその註釈書を紹介しておこう。

寺田透・水野弥穂子校註『道元』上・下　日本思想大系（岩波書店　昭45―47）

これは『眼蔵』の七十五巻本・十二巻本に『弁道話』を併載したものである。『眼蔵』だけを読もうとする場合には、現在これが最も適当であると思われる。

衛藤即応校註『正法眼蔵』三巻（岩波文庫　昭4―8）

『眼蔵』九十五巻を撰述の年代順に配列した本山版を底本としたもので、ハンディなためもあって、前掲の思想大系本が出るまでは、最も普及されていたものである。なお、この文庫本の利点は、これを底本として作られた加藤宗厚編『正法眼蔵要語索引』二巻（理想社　昭37―38）が出版されていることである。

大久保道舟編『道元禅師全集』二巻（筑摩書房　昭44―45）

これは『眼蔵』のほか、道元の資料すべてを校訂したもので、索引も付いており、一応決定版ともいうべきものであろう。

ところが、この中に含まれている『永平広録』（以下『広録』という）、すなわち『道元和尚広録』十巻は、果して問題がないのであろうか。たしかに、『広録』は道元一代の語録、たとえば上堂・小参の法語をはじめ頌古《じゅこ》・題賛・偈頌《げじゅ》などを詮慧・懐奘・義演が編集した、道元の思想や伝記を研究するために最も重要な根本史料であると考えられている。すでに室町中期にあったことは確かであり、現在永平寺には、慶長三（一五九八）年に永平寺の門鶴が弟子たちに書写させた最古の写本が所蔵されている。そして、南宋の無外義遠《ぎおん》がそれを約十分の一に選り抜いたのが『永平道元禅師語録』一巻といわれており、前者に対して『略録』とよばれている。ただ『広録』と較べてみると、その文体はまったく同一であるが、『広録』にある上堂法語が、『略録』ではかなり短縮されている個所が多い。そのうえ、『広録』では大仏寺時代のものが『略録』では興聖寺の部分に、あるいは『広録』で大仏寺時代のものが『略録』では永平寺の部分に入っていたり、その配列順序も互いにかなりの変動が目立っている。

それはともかく、『広録』をみると、大仏寺時代のところでは道元が自分自身のことを大仏、又は今大仏といい、永平寺時代には永平・永平老僧などと語録のなかで自称している。そのうえ、自分の文章のなかで道元自身のことをしばしば「師」と表現している。さらに、第五巻では上堂法語のなかで、自分の言葉として「師（道元）云、永平（道元）敬讃而言」といい、自分のことを師といったすぐ後で、永平と言い変えている。このようなことは、当時の禅宗の語録では全くみられないことで、語録というものの性質からいっても、不自然というほかはない。しかし、以上のような点に関しては、十分に整理しないまま、編者が原史料を語録に混入してしまったと考えられる余地がある。

つぎに、第四巻をみると、「上堂、日本国人聞二於上堂之名一最初永平（道元）之伝也」（上堂、日本国人、上堂ノ名ヲ聞ク最初ハ永平ノ伝ナリ）という文章がある。このうち、於の字は不必要であることはおくとしても、いかにも他人が述べているような表現で、文章そのものも道元の言葉とは到底思われない。たしかに道元は、『眼蔵』などで独特な漢文の読み方をしているが、以上のような点は、それとは全く次元の異なった性格のものといわなければならない。

また、同巻で「洞宗」という宗名を用いているが、再三述べたように、道元は曹洞宗という宗名をつよく否定しているのであるから、それを語録のなかで自分が使うはずがないであろう。

さらにまた、「当山（永平寺）始而有㆓僧堂㆒、是日本国始聞㆑之、始見㆑之、始入㆑之、始而坐㆑之、学仏道人之幸運也」（当山始メテ僧堂アリ、コレ日本国始メテ之ヲ聞ク、始メテ之ヲ見ル、始メテ之ニ入ル、始メテ之ニ坐ス、学仏道人ノ幸運ナリ）とあり、僧堂は永平寺が日本で最初であると記していることがわかる。しかし、道元が深草の興聖寺時代に本格的な僧堂を構えていたことは、『沙石集』などによって明らかであるから、『広録』の記述は道元自らの言葉とは認められない。しかも、『広録』の第一巻によると、すでに興聖寺時代に僧堂があったことが見えているから、『広録』の記述そのものも前後が矛盾していることになる。道元がこのような誤りを犯したとは到底考えられない。

また、栄西のことを明庵千光禅師前権僧正法印大和尚と記している。しかし、明庵は栄西の禅僧としての道号（字）であるが、千光は禅師号ではない。それらと天台僧としての位階である権僧正法印大和尚とを併記し、禅僧名と天台僧名を混同した呼び方をしている。この点も、道元の文章としては勿論、編者の文章としても腑におちない。

このほか文章全体の格調といい、迫力といい、あれだけ自由な和漢語を巧みに駆使した『眼蔵』の作者と同一人物の文章とは、到底考えられないところがある。道元の力量をもってすれば、その時代の他の禅僧、たとえば円爾《えんに》の『聖一国師語録』などと較べた場合、少くとも対等の文章力が期待されるのに、実際には両者の間に著しい格差があることは明瞭である。したがって、『広録』には多くの疑問があると判断せざるを得ないであろう。

なお、『眼蔵』については、近年になって、
玉城康四郎編『道元集』日本の思想2（筑摩書房　昭40）
中村宗一『全訳正法眼蔵』四巻（誠信書房　昭43―47）
高橋賢陳『全巻現代訳正法眼蔵』二巻（理想社　昭46―47）
岸沢惟安述『正法眼蔵』二十四巻（大法輪閣　昭47―49）
増谷文雄『現代語訳正法眼蔵』八巻（角川書店　昭48―50）
玉城康四郎訳『道元―正法眼蔵』日本の名著7（中央公論社　昭49）
西島和夫『現代語訳正法眼蔵』四巻（仏教社　昭50）
などの註釈書が出版された。

これらのうち、岸沢氏は最後の眼蔵家といわれた眼蔵研究の第一人者で、その内容も極めて詳しいが、初めて『眼蔵』を読む場合は、一冊で済む点からも、玉城氏のものあたりが最も手頃であろう。

以上のほか、道元の資料としては次のような岩波文庫本が訳文が付いていて便利である。
宇井伯寿訳註『宝慶記』一巻（岩波文庫　昭13）
大久保道舟訳註『道元禅師清規』一巻（岩波文庫　昭11）
これには『典座教訓』『弁道法』『赴粥飯法』『衆寮清規』『対大己五夏闍梨法』『日本国越前永平寺知事清規』が含まれている。

大久保道舟訳註『道元禅師語録』一巻（岩波文庫　昭14）

これには『普勧坐禅儀』『学道用心集』『永平元禅師語録』『傘松道詠』が含まれている。『永平元禅師語録』については先に述べた。五十余首にのぼる『傘松道詠』については、かって橋川正氏が疑問だとされたが、最近、その過半数は勅撰集や私歌集などにある他人の作か、或は道元に仮託されたものであることが、船津洋子氏によって指摘されている。

最後に、道元研究の根本史料の一つである伝記史料について述べておきたいと思う。現在もっとも優れていると考えられるのは、『永平寺三祖行業記』に収められているもので、『眼蔵』や『宝慶記』など確実な史料がその典拠になっており、しかも室町時代初期に存在していたことが確認されている。ついで、永平寺二十世の建撕《けんぜい》が編集した『建撕記』については、室町時代の応永から文明五、六年ごろまでの間に書かれたものと推定されている。しかし、建仁寺の住持になっていない明全を建仁寺二世とし、しかも別人の行勇と同一人物としているほか、『普勧坐禅儀』のような立派な漢文体をつくった道元の自作とは到底考えられない勧進疏《しょ》（四六文）や書状を掲載している。さらに、『永平広録』や出所不明の『年譜』『行状記』などを材料としているほか、さきに述べた『傘松道詠』も、実は同書から抜き出したものなのである。このほか『初祖道元禅師和尚行録』も、道元の父を久我通忠とし、道元は禅師号を受けていないのに、仏法禅師という勅号を授けられたとするなど誤りが多く、『三祖行業記』にくらべて、信憑性に乏しいものである。

以上のような理由から、筆者は本書を執筆するに際して、『永平広録』や『建撕記』『行録』などを大いに参照したにもかかわらず、それらの記述だけによることを極力さけたのである。

なお、道元研究の文献目録としては、池辺実「道元関係研究文献目録」(岩波書店『文学』二九ノ六所収)がある。

次に、道元の研究書・資料・索引・研究史について、列記しておく。

研究書

和辻　哲郎「沙門道元」『日本精神史研究』岩波書店　大15
秋山　範二『道元の研究』岩波書店　昭11
田辺　　元『正法眼蔵の哲学私観』岩波書店　昭14
伊藤　慶道『道元禅師研究』一　大東出版社　昭14
秋山　範二『道元禅師と行』山喜房　昭15
永久　岳水『道元禅師の宗教』山喜房　昭16
圭室　諦成『道元』三笠書房　昭16
道元禅師鑽仰会『道元禅師研究』同鑽仰会　昭16
田中　忠雄『古仏道元』不二書房　昭17
鈴木　泰山『禅宗の地方発展』畝傍書房　昭17

田中　忠雄『道元』新潮社　昭18
増永　靈鳳『道元』雄山閣　昭18
衛藤　即応『宗祖としての道元禅師』岩波書店　昭10
家永　三郎「道元の宗教の歴史的性格」『中世仏教思想史研究』法蔵館　昭22
辻　善之助『日本仏教史』中世篇之二　岩波書店　昭24
鏡島　元隆『道元禅師研究序説』正応寺　昭26
里見　弴『道元禅師の話』岩波書店　昭28
大久保道舟『道元禅師伝の研究』岩波書店　昭28
岡田　宜法『正法眼蔵思想大系』八巻　法政大学出版会　昭28―30
唐木　順三「道元」『中世の文学』筑摩書房　昭30
増谷　文雄『親鸞・道元・日蓮』至文堂　昭31
増永　靈鳳『永平正法眼蔵―道元の宗教』春秋社　昭31
鏡島　元隆『道元禅師とその門流』誠信書房　昭36
今枝　愛真『禅宗の歴史』日本歴史新書　至文堂　昭37
竹内　道雄『道元』人物叢書88　吉川弘文館　昭37
榑林　皓堂『道元禅の新研究』禅学研究会　昭38
唐木　順三「無常の形而上学」『無常』筑摩書房　昭38
鏡島　元隆『道元禅師の引用経典・語録の研究』木耳社　昭40

西尾　実『道元と世阿弥』岩波書店　昭40
高崎直道・梅原猛『仏教の思想』11古仏のまねび〈道元〉角川書店　昭44
秋月　竜珉『道元入門』現代新書　講談社　昭45
今枝　愛真『道元―その行動と思想―』評論社　昭45
山本　清幸『道元禅の省察』サーラ叢書20　平楽寺書店　昭45
今枝　愛真『中世禅宗史の研究』東京大学出版会　昭45
古田　紹欽『正法眼蔵の研究』創文社　昭47
今枝　愛真『道元とその弟子』毎日新聞社　昭47
中島　尚志『道元』三一書房　昭48
菊村　紀彦『道元―その生涯とこころ』社会思想社　昭49
寺田　透『道元の言語宇宙』岩波書店　昭49
森本　和夫『道元とサルトル』現代新書　講談社　昭50

資　料

神保如天・安藤文英校訂『正法眼蔵註解全書』十巻　同刊行会　大3
曹洞宗全書刊行会『曹洞宗全書』二十巻　鴻盟社　昭3―11
和辻哲郎校訂『正法眼蔵随聞記』岩波文庫　昭4
西有　穆山『正法眼蔵啓迪』代々木書店　昭5

大久保道舟編『道元禅師全集』春秋社　昭5
大久保道舟訳註『道元禅師清規』岩波文庫　昭11
宇井伯壽訳註『宝慶記』岩波文庫　昭13
大久保道舟訳註『道元禅師語録』岩波文庫　昭14
衛藤即応校註『正法眼蔵』三巻　岩波文庫　昭14―18
橋田　邦彦『正法眼蔵釈意』四巻　山喜房　昭14―25
大久保道舟註『正法眼蔵随聞記』山喜房　昭17
衛藤　即応『正法眼蔵序説』弁道話義解　岩波書店　昭34
古田　紹欽『正法眼蔵山水経春秋私釈』同文館　昭35
西尾実・水野弥穂子訳『正法眼蔵弁道話他』古典日本文学全集14　筑摩書房　昭35
伊藤俊光編『永平広録註解全書』三巻　鴻盟社　昭36
水野弥穂子訳『正法眼蔵随聞記』筑摩叢書5　筑摩書房　昭38
西尾実・鏡島元隆・酒井得元・水野弥穂子校註『日本古典文学大系』81　岩波書店　昭40
中村宗一訳『全訳正法眼蔵』四巻　誠信書房　昭43―47
玉城康四郎編『道元集』日本の思想2　筑摩書房　昭44
大久保道舟編『道元禅師全集』二巻　筑摩書房　昭44―45
寺田透・水野弥穂子註『道元』日本思想大系二巻　岩波書店　昭45―47
高橋　賢陳『全巻現代訳正法眼蔵』二巻　理想社　昭46―47

畑　邦吉『正法眼蔵抄意』三巻　山喜房　昭47―51
岸沢惟安述『正法眼蔵』二十四巻　大法輪閣　昭47―49
増谷　文雄『現代語訳正法眼蔵』八巻　角川書店　昭48―50
玉城康四郎訳『道元―正法眼蔵』日本の名著7　中央公論社　昭49
西島　和夫『現代語訳正法眼蔵』四巻　仏教社　昭50
曹洞宗全書刊行会『續曹洞宗全書』十巻　同刊行会　昭49―51

索　引

加藤宗厚編『正法眼蔵要語索引』二巻　理想社　昭37

研　究　史

鏡島　寛之「道元禅師研究の動向回顧」（『道元禅師研究』）道元禅師鑽仰会　昭16
大久保道舟「道元禅師鑽仰の歴史的回顧」（『道元禅師伝の研究』）岩波書店　昭28
竹内　道雄「最近の道元に関する研究について」（雑誌『日本仏教史』四）山喜房　昭33
鏡島　元隆「道元禅師研究の回顧と展望」（『文学』二九ノ六）岩波書店　昭36
池辺　実編「道元関係研究文献目録」（『文学』二九ノ六）岩波書店　昭36

（「　」は論文、『　』は著書）

今枝愛真『道元』を読む

中尾良信

一　日本の禅宗

道元（一二〇〇～五三）は、一般に鎌倉新仏教と呼ばれる諸宗派の中で、禅宗の一派である曹洞《そうとう》宗を中国から伝えたとされ、本山としての永平寺《えいへいじ》（福井県）を開いた人物である。日本史の教科書などで鎌倉新仏教として挙げられるのは、法然《ほうねん》（一一三三～一二一二）の浄土宗・栄西《えいさい》（一一四一～一二一五）の臨済《りんざい》宗・親鸞《しんらん》（一一七三～一二六三）の浄土真宗・道元の曹洞宗・日蓮《にちれん》（一二二二～八二）の法《ほっ》華《け》宗（日蓮宗）・一遍《いっぺん》（一二三九～八九）の時《じ》宗であるが、新仏教に対する旧仏教とされるのは、奈良時代の南都六宗（華厳《けごん》宗・三論《さんろん》宗・法相《ほっそう》宗・律《りつ》宗・倶舎《くしゃ》宗・成実《じょうじつ》宗）と、平安時代の最澄《さいちょう》（七六七～八二二）の天台宗、空海（七七四～八三五）の真言宗であり、八宗体制ともいわれている。ただ新仏教という表現は、あたかもそれ以前に広まっていた宗派を否定して、まったく新しい教えを広めたかのような解釈を招きやすい。しかしながら、日本仏教史を大きな流れとして理解する上では、日本史全体の流れの中で見なければならない。

現在社会において存在している禅宗教団は、臨済宗（十四派）・曹洞宗・黄檗《おうばく》宗の三宗十四派で構成されているが、黄檗宗は中国明代の末期、江戸初期に伝えられた。また臨済宗が京都の妙心寺・大徳寺・南禅寺・天龍寺・相国寺・建仁寺・東福寺などや、鎌倉の建長寺・円覚寺を本山とする十四派となるのは、鎌倉・室町時代にかけて、中国へ渡った日本人僧や、渡来した中国人僧などによって展開したものであり、鎌倉期には臨済・曹洞の違いはあまり意識されず、一体的な禅宗として受け入れられたと見るべきである。

かつての禅宗史研究においては、禅宗は鎌倉時代に初めて伝わったものであり、それ以前の日本仏教とはまったく関係がないとする見解もあった。しかしながら、単なる宗派の歴史として見るだけではなく、日本史全体の中で禅宗との関連を探ってみると、すでに『日本書紀』に、聖徳太子（五七四〜六二二）が日本に渡来した達磨《だるま》と出会ったとされる伝説があり、平安期に入唐した最澄は天台宗を学ぶ一方で初期の禅宗をも学んでおり、また道元が曹洞宗を伝えるはるか以前に、中国曹洞宗の開祖洞山良价《とうざんりょうかい》（八〇七〜八六九）の弟子となった日本人僧もいた。このように歴史の中のさまざまな場面において、日本仏教と禅宗との関わりがあったといえる。

とはいえ、やはり明確な形で中国宋代の禅宗を伝えたのは、建仁寺（京都市）の開山栄西である。栄西を含めて、鎌倉新仏教諸宗派の開祖とされる人物のほとんどが、天台宗の僧侶として出家して比叡山で学んでいた。平安末期の天台宗は、台密《たいみつ》（天台密教）が中心となる中で、法然による阿弥陀仏の浄土信仰が高まる一方、栄西と同時期に中国の禅宗に関心を持つ複数の僧が出現した。その一人が、入宋して著名な禅籍『碧巌録《へきがんろく》』の著者圜悟克勤《えんごこくごん》（一〇六三〜一一三五）の弟子仏海慧遠《ぶっかいえおん》（一一〇三〜七六）の弟子となった覚阿《かくあ》（一一四三〜?）である。もっとも帰国後の覚阿は、禅宗を広めるには時期尚早と感じたためか、世間から隠遁してしまい、没年も明らかではない。もう一人は、栄西がライバル視したことで知られる大日房能忍《だいにちぼうのうにん》（生没年不詳）である。能忍自身は中国に弟子二名を派遣したものの、自らは入宋することなく禅を独悟したとされるが、在京上人能忍と入唐上人栄西の達磨宗（禅宗）布教が、叡山（比叡山）の圧力によって止められたとする史料があり、それなりに禅宗を広める活動をしたものと考えられる。ただ栄西の伝えた禅宗が、最澄の教えの復活と主張しつつ、台密の要素を色濃く帯びた兼修禅とされながらも、臨済宗建仁寺派として今日まで伝わったのに対し、大日房能忍の広めようとした禅宗（達磨宗）は、より密教的な要素が強かったことや、拠点としての三宝寺（現廃寺、大阪市）が応仁の乱で廃れたこともあって、近年新しい史料の発見によって明らかになった部分もあるが、鎌倉期の禅宗として一般にあまり認識されていない。

以上のように鎌倉初期の禅宗は、叡山で台密を学んだ栄西や能忍が禅宗を伝え広めたこと、さらに栄西の弟子を通じて影響を強く受けた東福寺の円爾《えんに》（一二〇二～八〇）の聖一《しょういち》派や、興国寺（和歌山県由良町）の無本覚心《むほんかくしん》（一二〇七～九八）の法燈《ほっとう》派といった、密教的傾向の強い兼修禅が中心であったといえる。

二　道元の仏法

鎌倉期に成立したとされる諸宗派の開祖と同様に、道元も出家して天台宗の僧となった後、入宋して禅宗を学んで帰国し、興聖寺《こうしょうじ》（宇治市、江戸期に京都市伏見区から移転）や永平寺などを開いて教えを広め、日本曹洞宗の開祖とされている。禅宗を学ぶために叡山を離れ、二度の入宋を経験した栄西が開いた建仁寺に赴き、栄西の弟子である明全《みょうぜん》（一一八四～一二二五）に従って入宋しているので、最終的には中国の禅僧如浄《にょじょう》（一一六三～一二二七）の法を嗣いだが、栄西の孫弟子であったともいえる。しかし、栄西が台密との兼修禅であったのに対し、道元が伝えた曹洞禅は、その後に渡来した蘭渓道隆《らんけいどうりゅう》（一二一三～七八）や無学祖元《むがくそげん》（一二二六～八六）などの中国人禅僧が伝えた禅宗とともに、より純粋な禅宗であったとされる。ただ、道元の教えを受け継ぐ教団としての曹洞宗が、鎌倉時代以降どのような形で日本に広まったかというと、永平寺が道元の中国人弟子であった寂円《じゃくえん》（一二〇七～九九）の法系によって維持されたのに対し、道元の孫弟子で永平寺を離れた義介《ぎかい》（一二一九～一三〇九）の弟子で、永平寺と並ぶ本山総持寺《そうじじ》（横浜市、明治末に石川県から移転）の開山瑩山紹瑾《けいざんじょうきん》（一二六八～一三二五）の法系が、全国的に曹洞宗を広めていった。しかしながら、道元の唯一の弟子懐奘《えじょう》（一一九八～一二八〇）から教えを継承した義介や瑩山ではあるが、もともと懐奘を含めて兼修禅であった大日房能忍の達磨宗の法系でもあり、中世以降の日本曹洞宗は、密教的要素を帯びて展開したといえ、鎌倉初期の兼修禅の傾向に同化していったと見ることができる。

では、道元自らが「正伝の仏法（釈尊から正しく伝わった教え）」と称する教えは、どのような形で純粋禅として理解されたかというと、道元自身の布教説法の記録である『正法眼蔵《しょうぼうげんぞう》』や、興聖寺・永平寺における修行僧に対する説示である語録としての『永平広録《えいへいこうろく》』、さらには修行生活の規則としての清規《しんぎ》類から、読み取られたといえる。とくに、一般に道元の特徴的な思想が表現されたとされるのは、仮名混じりで書かれた『正法眼蔵』である。中国禅宗からの伝統的な語録を中心とする禅宗の書籍は、当然ながら漢文で書かれるものであり、『永平広録』も漢文で書かれている。じつは道元の『正法眼蔵』にも漢文の『真字正法眼蔵』があるが、やはり仮名『正法眼蔵』が道元の「正伝の仏法」を語る主な撰述として認識されている。道元が説いた教えは、「只（祇《し》）管打坐《かんたざ》」「修証一等《しゅしょういっとう》」といった用語で表現され、坐禅が、単に悟りに至るための修行ではなく、坐禅修行そのものが仏行であり、悟りそのものであると説いており、だからこそ純粋禅と理解されているのである。

ある意味で日本曹洞宗は、教団としては兼修禅的な性格が濃厚でありながら、宗祖道元は純粋禅の代表とも理解されており、道元自身の思想そのものと、それを受け継いだ曹洞宗教団の展開過程は、異なる要素を踏まえながら解釈しなければならないと考えられる。

三　宗祖道元の研究と正しい理解

前述したように、純粋禅を説いたとされる道元の法系である日本曹洞宗は、布教活動としては兼修禅的要素も含んでおり、そのことによって教団が発展したといえ、結果的に宗派別の寺院数では、曹洞宗がもっとも多数となっている。とはいうものの、曹洞宗門としての教えは何かという場合には、「只（祗）管打坐」や「修証一等」と表現される、道元の説く「正伝の仏法」が根源的な教えとして示される。言い換えれば、宗祖道元の教えが象徴的に掲げられるのであるが、重要なのは、道元自身がいかに主体的に仏道を歩んで教えにたどり着いたかを、道元が生きた時代の歴史的背景や、道元を取り巻く人間関係を正しく踏まえて理解するべきことである。

正治二（一二〇〇）年に生まれた道元が生きた時代は、鎌倉幕府が成立したとはいうものの、源氏の将軍が三代で途絶え、北条氏が執権として権力を把握しつつも、後鳥羽上皇と対立していた時代である。道元の両親については、父は村上源氏の久我氏であり、母は松殿《まつどの》藤原氏の女性であるとされるが、道元自身の撰述や伝記史料に基づく研究によっても、有力者は限られているものの確定はしていない。比叡山で学んだ後に建仁寺に赴くが、開山栄西と直接に関わったかどうか、どのような経緯で弟子明全との入宋が実現したか、最終的に弟子となって嗣法した如浄から、どのような形で「正伝の仏法」を受け継いだのか、帰国後の建仁寺滞在、興聖寺・永平寺での活動、晩年に鎌倉へ赴いた意味など、もちろん多くの伝記史料によって知り得ることもあるが、必ずしも明確になっていないことも少なくはない。見ようによっては、こうした道元がたどった生涯について、できるだけ客観的な史料に基づいて理解してこそ、道元が説いた教えを正しく受け止められるというべきである。

本書の著者今枝愛真《いまえだあいしん》氏（一九二三〜二〇一〇）は、東京帝国大学文学部国史学科を卒業して東京大学史料編纂所に入所し、一九八一年からは同所々長に就任されている。「中世禅林成立史の研究」で博士号を取得された、中世禅宗史を専門とする一流研究者であり、さらには曹洞宗の僧侶でもあって静岡県興隆寺の住持であった。宗門の僧侶であり、歴史研究の専門家であった著者だけに、単に宗祖として神格化するのではなく、現存する道元の伝記史料について、その真偽のみならず、それぞれの史料が持つ問題点を論じた結果、『正法眼蔵』を中心として道元の真意を読み取ろうとされている。同時に、当時の社会全体の人間関係を踏まえつつ、道元が歩んだ道を真摯にたどり、「只《し》（祇）管打坐」や「修証一等」といった表現の真意を読み取ろうとされたのが本書執筆の姿勢であるといえ、それが副題として掲げられた「坐禅ひとすじの沙門」に込められていると思われる。

なお本書末尾に記載されている「参考文献」は、本書の特徴的な部分でもあり、読者にとってきわめて有効な内容である。一般的に参考文献といえば関係文献を列挙するのみであるが、本書ではまず近代以降の研究文献を挙げながら、道元の研究史について解説をされた上で、改めて研究文献や翻刻された史料文献を列挙されている。つまり、本書自体は二〇〇頁ほどで比較的読みやすいともいえるが、道元により深く興味関心を持った読者のために、より客観的に詳しく学び調べる道を示されている点で、きわめて有効な参考文献である。

ただし指摘しておかなければならないのは、本書が出版されたのが一九七六年ということである。前述したように、本書はきわめて真摯な姿勢で、正確な史料の解釈を踏まえて執筆されてはいるが、研究史の上で見る以上、上梓以後に新たに史料が発見されることは避けられない。道元の伝記史料についても、本書出版の後に発見された史料によって、当然それまでとは異なる解釈も示されるし、栄西や大日房能忍に関する新資料の存在も明らかとなった。出版の時期を前提としていえるのは、本書を読むことで得られる大きな意義が、正しい研究と理解の姿勢を学ぶということである。

参考までに、本書以後に刊行された道元に関する書籍を、いくつか紹介しておく。なお、第一節で紹介したような日本禅宗の歴史的理解については、中尾良信『日本禅宗の伝説と歴史』（吉川弘文館二〇〇五年）・『栄西—大いなる哉、心や—』（ミネルヴァ書房　二〇二〇年）を御覧いただきたい。道元についての基本的知識を得るための書籍としては、竹内道雄『人物叢書　道元（新稿版）』（吉川弘文館一九九二年）が有効である。また道元自身の撰述およびその現代語訳については、春秋社刊行の『道元禅師全集』全七巻および『原文対照現代語訳　道元禅師全集』全十七巻がある。

一九八〇年代から二〇〇〇年頃にかけて、曹洞宗の僧侶でもある駒澤大学の鏡島元隆・河村孝道・池田魯参・石井修道が、道元の思想に関する重要な研究文献を上梓している。また、とくに『正法眼蔵』の原文を重点的に研究したのが水野弥穂子である。道元については哲学的視点からの研究もあり、春日佑芳『道元とヴィトゲンシュタイン』（ぺりかん社　一九八九年）、森本和夫『デリダから道元へ』（筑摩書房　一九九九年）などがある。

二〇〇三年に刊行された中尾良信編『日本の名僧9　孤高の禅師　道元』（吉川弘文館）は、比較的若手の研究者による共著であり、それぞれが独自の視点から考察している。二〇〇〇年以降に上梓された書籍としては、頼住光子『道元の思想―大乗仏教の真髄を読み解く―』（NHKブックス　二〇一一年）・『正法眼蔵入門』（角川ソフィア文庫　二〇一四年）、角田泰隆『道元入門』（角川ソフィア文庫　二〇一二年）や、船岡誠『道元―道は無窮なり―』（ミネルヴァ書房　二〇一四年）、角田泰隆『道元禅師の思想的研究』（春秋社　二〇一五年）・『道元『正法眼蔵』をよむ』上下巻（NHK出版　二〇二一年）などがある。写真を含めてさまざまな角度から道元を紹介したものとしては、角田泰隆編『別冊太陽　道元』（平凡社　二〇一二年）がある。さらには、一九八〇年代から約二〇年にわたり、道元が当時の天台宗を中心に仏教界を席巻していた思想について、どのような姿勢をとったかに関する大きな論争があったが、この問題を含めて近代の曹洞宗学におけるいくつかの論争のまとめと、新たな視点を示す論文を掲載した角田泰隆編著『道元禅師研究における諸問題』（春秋社　二〇一七年）は、今後の道元研究に向けての可能性を示すものである。

道元に関する書籍はきわめて多数であり、また曹洞宗に僧籍を持つ研究者以外にも、多様な形や方向性でアプローチしたものも多い。これらの書籍を読んで理解する基盤としても、本稿で紹介した『道元―坐禅ひとすじの沙門―』は、きわめて有効である。

（花園大学名誉教授）

本書の原本は、一九七六年に日本放送出版協会より刊行されました。

著者略歴
一九二三年　静岡県に生まれる
一九四七年　東京帝国大学文学部国史学科卒業
　東京大学史料編纂所教授、同所長などを歴任。
　興隆寺住持、文学博士
二〇一〇年　没

〔主要著書〕
『禅宗の歴史』（至文堂、一九六二年、吉川弘文館〈読みなおす日本史〉、二〇一三年）、『中世禅宗史の研究』（東京大学出版会、一九七〇年）、『道元―その行動と思想―』（評論社、一九七〇年）、『道元とその弟子』（毎日新聞社、一九七二年）

道元
坐禅ひとすじの沙門

二〇二三年（令和五）十一月二十日　第一刷発行

著　者　今《いま》枝《えだ》愛《あい》真《しん》
発行者　吉川道郎
発行所　株式会社　吉川弘文館
郵便番号一一三―〇〇三三
東京都文京区本郷七丁目二番八号
電話〇三―三八一三―九一五一〈代表〉
振替口座〇〇一〇〇―五―二四四
http://www.yoshikawa-k.co.jp/
組版＝株式会社キャップス
印刷＝藤原印刷株式会社
製本＝ナショナル製本協同組合
装幀＝渡邉雄哉

ISBN978-4-642-07531-2

読みなおす
日本史

刊行のことば

現代社会では、膨大な数の新刊図書が日々書店に並んでいます。昨今の電子書籍を含めますと、一人の読者が書名すら目にすることができないほどとなっています。ましてや、数年以前に刊行された本は書店の店頭に並ぶことも少なく、良書でありながらめぐり会うことのできない例は、日常的なことになっています。

人文書、とりわけ小社が専門とする歴史書におきましても、広く学界共通の財産として参照されるべきものとなっているにもかかわらず、その多くが現在では市場に出回らず入手、講読に時間と手間がかかるようになってしまっています。歴史の面白さを伝える図書を、読者の手元に届けることができないことは、歴史書出版の一翼を担う小社としても遺憾とするところです。

そこで、良書の発掘を通して、読者と図書をめぐる豊かな関係に寄与すべく、シリーズ「読みなおす日本史」を刊行いたします。本シリーズは、既刊の日本史関係書のなかから、研究の進展に今も寄与し続けているとともに、現在も広く読者に訴える力を有している良書を精選し順次定期的に刊行するものです。これらの知の文化遺産が、ゆるぎない視点からことの本質を説き続ける、確かな水先案内として迎えられることを切に願ってやみません。

二〇一二年四月

吉川弘文館